上海市虹口区人民检察院

检察官

新时代 新担当 新作为

优秀案(事)例选编

（第二辑）

曾国东◎主编

中国法制出版社
CHINA LEGAL PUBLISHING HOUSE

序 Preface

为深入推进政治建设和业务建设融合发展，加快推动“四大检察”“十大业务”全面协调充分发展，持续强化政治自觉、法治自觉、检察自觉，更加注重系统观念、法治思维、强基导向，上海市虹口区人民检察院把“检察官担当”作为品牌特色持续打造，全面落实司法责任制，突出检察官办案主体地位，培塑新时代检察职业担当精神，树立“有灵魂、有本领、有担当、有温度”的新时代检察官形象，不断激活检察队伍的“一池春水”。

上海市虹口区人民检察院在全市检察机关中率先制定《关于激励检察官新时代新担当新作为的实施意见》，鼓励检察官在司法体制改革中，敢于办大案，善于办好案，勇于承担社会责任，勇于自我加压。为充分发挥优秀案（事）例的示范引领作用，深入推进检察官以评促建、以案释法，更好地推进“检察官担当”品牌创建工作，自2018年以来，上海市虹口区人民检察院已开展了三届检察官新时代新担当新作为优秀案（事）例评审展示活动，挖掘了一批在办案履职过程中勇挑重担、敢于发声、善于负重前行的典型代表人物和优秀担当案（事）例。

案例是丈量检察履职的坚实足迹，是彰显检察工作新理念的有力载体，是引领检察机关公正司法的指南针。为进一步加强对优秀案（事）例的总结和推广，上海市虹口区人民检察院将入围第三届检察官新时代新担当新作为优秀案例评审展示活动的典型案（事）例进行修改完善，并集结成册。这些典型案（事）例聚焦公益诉讼、航运金融、“一老一少”双子星座（老年人和未成年人司法保护）、认罪认罚案件“三方确认，一方见证”机制、多元化司法救助、扫黑除恶专项斗争、服务保障优化营商环境等重点领域，同时也涵盖了为上海市基层社会治理提供“样板”经验的规模性租赁专项治理案（入选最高人民检察院行政检察典型案例）、上海市首例以虚假诉讼为手段骗取车牌拍卖款系列案件等具有一定社会影响力的典型案件，充分体现了全院检察官忠于职守、敢于碰硬、勇于负责、善于作为的担当精神。

优秀案（事）例的出版，既是对过去一年检察官在司法办案、检察改革及各项重点工作中取得突出成绩的肯定，也勉励着全院检察干警立足岗位、忠诚履职，以“求极致”的标准，以舍我其谁的勇气，客观公正地办理每一起案件，为人民群众提供更优质的法治产品、检察产品。千帆竞发浪潮涌，百舸争流正逢时，全院干警将继续为重塑上海市虹口区人民检察院传奇辉煌不懈奋斗，为加快上海建设“五个中心”和具有世界影响力的社会主义国际大都市，不断作出应有贡献。

上海市虹口区人民检察院党组书记、检察长

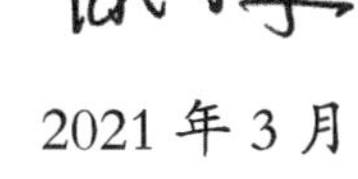

2021年3月

目录 Contents

做优刑事检察

加强诉讼监督

优化营商环境

探索特色工作

做优刑事检察

郑某某、庞某甲等人诈骗案

——检察官利剑出鞘，恶势力分崩瓦解

◆ 关键词

“套路贷”、恶势力团伙、“三个效果”

◆ 要旨

检察机关在办理“套路贷”、涉黑涉恶团伙案件中，应积极发挥引导侦查、自行补侦的作用，将个案炼成“片案”，加强对团伙主犯、积极参与者的指控，并灵活运用刑事政策，达到严惩“套路贷”恶势力团伙的目的，实现“三个效果”的有机统一。

◆ 基本案情

从2009年起，郑某某以开设房地产中介公司为幌子，招募庞某甲、庞某乙等多人从事民间借贷业务，其间郑某某以行规为名与小额借款人签订大额、翻倍借条，并

以抵押借款人房产、制作公证文书等保障收款方式，不断垒高借款人债务。后在借款人无力还款后，由庞某甲、庞某乙等人伙同手下成员使用软暴力滋扰借款人，打着民事纠纷的旗帜进行诉讼执行、上门闹事、强逼清房、取财抵押、代友还债，实现获取借款人财物的目的。经查，郑某某指使庞某甲、庞某乙等人通过上述方式先后骗得6名被害人共计人民币166万余元。

◆ 检察机关履职过程

上海市公安局虹口公安分局（以下简称虹口公安分局）在接报被害人陈某某被骗案后于2018年3月26日立案侦查。虹口公安分局第一次向上海市虹口区人民检察院（以下简称虹口区检察院）报捕郑某某时因证据不足未予批捕。后虹口公安分局在虹口区检察院的引导侦查下，进一步对郑某某进行查证，另发现多名被害人与本案有关，其中郑某某的作案手法与陈某某被诈骗案作案手法一致，经进一步侦查确认，除郑某某外，另有庞某甲、庞某乙、钟某某、侯某某等人有重大作案嫌疑。2019年8月22日，虹口公安分局抓获上述人员，其中仅侯某某对涉案事实予以供认，其余人员均拒不供述。虹口公安分局于 2019 年 12 月 18 日向虹口区检察院移送审查起诉。虹口区检察院在审查逮捕、审查起诉阶段均向虹口公安分局多次提出补充侦查意见，并通过自行补充侦查夯实案件证据基础，于 2020 年 4 月 10 日向上海市虹口区人民法院（以下简称虹口法院）提起公诉。其间，虹口区检察院在审查批捕过程中，对涉案人员朱某某制发追捕函；在审查起诉过程中，对涉案人员韩某某等人制发追诉函。现朱某某、韩某某均已到案并被判决。2020 年 9 月 18 日经虹口法院判决，被告人郑某某、庞某乙、庞某甲等 6 人分别被判处有期徒刑 3 年至 14 年不等刑期。一审宣判后郑某某、庞某甲等人上诉，二审裁定驳回上诉，维持原判。

◆ 典型意义

郑某某、庞某甲等人“套路贷”恶势力犯罪团伙案，由于具有严密的组织性、外观的合法性、犯罪手法的专业性及讨债方式的软暴力性等特征，致使本案在办理过程中存在线索发现之难、侦查取证之难。面对如此困境，无论在事实及证据方面，还是在社会及制度层面，虹口区检察院在案件办理过程中都进行了多维度的考量。

从第一次报捕1件1名犯罪嫌疑人、涉及1起案件事实，到最终判决2件7名被告人、涉及6起案件事实，虹口区检察院在此期间经过多起事实的并案、串案，逐步深挖作案人员、被骗事实线索，形成有力指控被告人的完整证据链，在案件办理过程中逐步瓦解郑某某等人的攻防一体防线，并实现了政治效果、法律效果、社会效果的有机统一，对“套路贷”涉恶团伙的案件侦破、成功起诉起到了参考的指引作用。

一、通过串并联案件，引导案件侦查破案

本案系扫黑除恶专项斗争中较早立案的案件，虹口公安分局立案后，对于“套路贷”诈骗的案件侦查、证据标准未能仔细研判、准确把握，第一次报捕时仅以被害人陈某某被骗案一节事实提请虹口区检察院批捕郑某某。在办理该案过程中，存在客观证据缺失、同案犯未到案指认、被害人陈述反复等情况，遂对虹口公安分局的补侦方向提出建议。后在多次与虹口公安分局商议侦查方向和取证要点的过程中，通过查找较早的报案记录，发现郑某某等人采用类似手段骗取多名当事人财物的线索，遂将多起涉郑某某团伙人员的案件并案处理。同时结合案件事实，不断排摸其他涉案人员，最终收网抓获了郑某某等7名团伙案件成员（其中朱某某、韩某某系经虹口区检察院向虹口公安分局制发追捕、追诉函后，由虹口公安分局抓获到案）。

二、通过自行补充侦查，夯实案件指控事实

一方面，作出逮捕决定后，承办检察官结合前期介入时发现的证据薄弱环节、瑕疵环节，向虹口公安分局制发了6点26条明确的补侦方向和证据内容，并在侦查过程中数次引导虹口公安分局对被害人因时间长、证据缺失等造成的不合理陈述进行核实，同时注重犯罪嫌疑人的辩解，督促虹口公安分局补充案件证据，明确犯罪事实和金额，避免就案办案，囫囵吞枣。另一方面，案件审查起诉后，对于虹口公安分局尚未补充的证据，承办检察官积极开展自行补侦，分别对6名被害人及证人制作笔录，引导被害人及其家属主动保护自身权益，提供案发的相关材料；在复核关键证人时，在面对部分因故不配合办案的证人时，承办检察官数次通过释法说理化解其心中疑虑，最终证人不仅积极配合作证，还主动提供了涉案的存折簿、诉讼文书等关键证据，从而加强了对犯罪嫌疑人的指控。

三、灵活适用刑事政策，瓦解对象攻守防线

首先，案件移送起诉后，承办检察官发现，郑某某在开设多家公司后均邀请本案其他涉案人员担任股东、负责人等职务，并在案发后取保候审期间存在联系证人串供的情况。在案件办理过程中郑某某与同案犯达成了同盟，部分同案犯在证据面前仍拒绝指认郑某某等人诈骗的事实，甚至意图撇清案件与郑某某的关系。针对此种情况，承办检察官对涉案的事实进行逐节梳理，并与犯罪嫌疑人的辩护人就案件证据、事实进行沟通。

其次，承办检察官将从犯钟某某作为切入口，多次根据案件性质、情节向其阐明宽严相济的刑事政策，对犯罪嫌疑人开展认罪认罚教育转化工作，对积极参与的团伙成员与不固定参与的人员从量刑、政策落实等方面区别对待，对于不信任检察机关的当事人通过辩护律师及值班律师转达政策及制度落实，使攻守同盟化整为零，逐一击破。最终使作为主犯的庞某乙幡然悔悟，主动认罪认罚，并积极指认主犯郑某某。在此过程中，承办检察官运用量刑建议从宽幅度激励退赃退赔。

最后，虹口区检察院在起诉时考虑到上述人员的认罪态度，落实政策与制度，分别给予了从轻、减轻处罚的量刑建议。

四、有效应对庭审突袭，全面保障当事人权益

案件承办检察官根据案件侦查、起诉、庭审等阶段的审查及自行补充侦查情况，一方面，充分考虑案件事实及各名被告人所起的作用，综合运用案件证据，在庭审前不断完善庭审预案，通过分组出示证据、挖掘不合理辩解与客观证据的矛盾点，在5次开庭过程中结合不同的庭审情况，逐庭加强对被告人的指控。另一方面，在庭审期间，承办检察官重点分析被告人提出的辩解，对于辩护人当庭提出的新的无罪、罪轻线索，积极引导虹口公安分局进行补侦，做好证据收集、固证，对被告人提出的合理辩解予以印证、采信，对不合理辩解作出补侦后予以排除，充分保障案件当事人的诉讼权益。

五、积极跟踪后续进展，多项举措实现三个效果

在案件后续处理过程中，承办检察官多次跟踪虹口公安分局对郑某某资产的核实，积极为被害人挽回损失，并配合上海市公安局宝山分局、杨浦分局对郑某某涉案的其他新立案件进行侦查取证。另外，虹口区检察院积极推动社会治理，对涉嫌为“套路贷”犯罪团伙提供帮助的公证人员批准逮捕，并向上海市金山区司法局及上海市金山区公证处制发检察建议，且得到采纳建议的回复函。此外，通过召开新闻发布会等形式以案释法，增强群众认知度与防范意识，多项举措有效地扩大了办案效果。

◆ 相关规定

《中华人民共和国刑法》第二百六十六条

《关于本市办理“套路贷”刑事案件的工作意见》

◆ 办案札记

“套路贷”是近年来民间借贷领域出现的新类型有组织性团伙犯罪，具有较为严密的组织化、集团化特点，社会危害性极大。从一开始对于“套路贷”案件定性的模糊认识，再逐渐通过法理分析准确把握“套路贷”

模式涉及的刑事犯罪差异和定罪关键，此类案件往往让被害人一生的积蓄瞬间尽失，民间借贷环境也随之“乌烟瘴气”。因此在办理此类案件时，检察人员不仅需要准确进行法律定性，还需要灵活适用刑事政策，在办案过程中尽力挽回破碎的社会关系以及安抚内心不安定的借款人。

一、办案抓细节找线索，惩治犯罪要大胆

办案以来，有这么一个规律：公安机关随案移送的证据越简单，案子往往越复杂。因此，无论是看似简单的案件还是疑难复杂的案件，在审查事实的时候我们都要抽丝剥茧、寻踪觅迹。如果在办理案件时不去思考不合理处、不去了解被忽略的事实、不去核实案件背景及经过，就容易偏听偏信，错误定性、错误羁押，最终导致不可挽回的后果。就如在本案中，如果我们没有积极督促公安机关调取早期的报案记录，深挖案件线索，寻找其他被害人，就无法将“个案”炼成“片案”，无法固定该团伙的犯罪模式，更无法将郑某某等人绳之以法。

办案抓细节找线索是引导公安机关收集证据、惩治犯罪的关键，而在面对如本案涉恶案件的犯罪嫌疑人的

时候，承办检察官又需要一些胆识和魄力。这些涉恶犯罪嫌疑人在被抓初期，表现得尤为固执、滑头，甚至在提讯过程中他们的言语中还夹带着威胁、恐吓，虽然他们的目的是侥幸逃避罪罚，但这也燃起我们检察人员内心强烈的孤胆英雄梦和正义感。此时我们更应当不畏打击报复，以事实为纽带加强对他们的指控，以解读刑事政策对他们感化教育，希望他们能够迷途知返。最终本案能够让所有犯罪人员得到与罪行相适应的罪罚，这小小的成就感和满足感对于我们而言，就是在惩治犯罪和教育感化的不断循环往复中，促进我们生活和工作于其中的社会变得更为稳定、和谐、安逸，而这每一个循环往复都是点亮每个检察人员内心的高光时刻，让我们的工作显得更有价值，也更有意义。

二、办案勇担当敢作为，案件处理兼顾法理情

检察人员作为法律的守护人，负有监督法律的正确实施及维护社会公平正义的职责，要真正做到宽严相济，当宽则宽，当严则严。老舍于《四世同堂》书：每一个有点知识的人都应当挺起胸来，担当这个重任。于检察人员，“担当”既是一种对责任的诠释，也是一种对能力

的肯定，自然要对得起这份期许。“担当”，即要思想上敢为、能力上有为、行动上作为。对于疑难复杂案件要有“力度”，对于黑恶势力案件要有“啃得下硬骨头”的勇气，当然只有“武装自己到牙齿”够硬，才能豁出去做“第一个吃螃蟹的勇士”。在案件审查处理时要有“温度”，依法办案是根本，法律的确不讲感情，但案件处理应当体现检察人员的态度，一种对法律、人性、世俗的认知和思索，一种对格物致知而后知至的情怀。我们，理应如阳光，照耀黑暗而温暖周遭。

我们在办案之中既不放过，也不凑数，如果郑某某第一次报捕未批捕后，我们未数次联络被害人、证人，未督促公安机关将郑某某涉及的其他案件并案处理，可能就会放纵郑某某团伙犯罪，使他们在未得到相适应的罪罚后变本加厉。失之毫厘，谬以千里，我们的一个失误会对太多人的命运造成影响，也是对法律的亵渎；在办案之外，多想一层、多做一点、多担一分，于案件办理之外要讲“深度”。所谓“凡案皆有因果”“凡人皆有喜怒”……我们一路奋战，不应仅仅为了不让世界改变我们，我们也应为他人的人生增添多一种可能。

三、办案“审时度势”，做个接地气的法律人

我们不仅要做孤独的法律人，还要做接地气的“社会人”。所谓“社会人”并非指成为社会闲散人员，而是要有沉得下身段、静得下心思，进能入世、退能出世的“觉悟”。人性使然，世间没有无缘无故的爱与恨，更没有不明不白的罪与罚，每一个嫌疑人的背后都有一段纷争、一份情仇、一场交织着欲望与背叛的故事会，也可能暗藏着我们鲜有涉猎的领域，或鲜为我们所知悉的隐情。特别是作为办理商业、经济、职务犯罪的检察官，我们面对的嫌疑人多为历经商海沉浮、大浪淘沙的“精英”，混迹社会的“老油子”，办理的也大都是动辄涉及数百万元的“大项目”，若单纯以“象牙塔式”的法律思路去处理这些案件，容易形成教条主义、机械办案的刻板模式，甚至在分析案件时会陷入固执己见、剑走偏锋的“怪圈”，这就是为什么有些案件的处理被社会大众所质疑——我们习惯站在法律人的角度，而不是当事人的角度去审视案件。所以有时我们也需要站在嫌疑人的位置，从商业思维、市场规律和人情世故的层面，做一个“社会人”，去洞悉案件事实之下的真相、去了解犯罪嫌

疑人行为背后的逻辑，才能把握犯罪嫌疑人的犯罪动机和行为目的，最终在纷繁复杂的案情中梳理出一缕头绪，化繁为简，继而牵一发而动全身，使得案件办理不仅能够遵从法律逻辑，也能够符合商业逻辑、市场规律和伦理人性，真正用司法回应人民群众的期待，让群众在每一起案件中都能感受到公平正义。

承办检察官：盛琳

案例撰写人：盛琳、许瑜文

祝某某非法买卖枪支案

——自行补充侦查还原案件事实，有效开展法律监督

◆ 关键词

认罪认罚、非法买卖枪支罪、自行补充侦查

◆ 要旨

检察机关在办理认罪认罚案件时，要认真听取犯罪嫌疑人的意见，着重审查犯罪嫌疑人认罪认罚的自愿性，并积极发挥自行补充侦查积极性，重客观证据轻口供，通过自行补充侦查查明案件事实，有效避免错案发生，维护司法机关权威。

◆ 基本案情

2019年6月4日，犯罪嫌疑人祝某某事先经网上联系，在浙江省杭州市某停车场内，将1支SCAR型仿真枪和1支格洛克18C型仿真枪出售给犯罪嫌疑人郭某某。

经鉴定，上述2支仿真枪均是以压缩气体为动力的枪支，可以击发并具有致伤力，上海市公安局虹口分局（以下简称虹口公安分局）据此认定，犯罪嫌疑人祝某某、郭某某应构成非法买卖枪支罪。犯罪嫌疑人祝某某在侦查阶段对上述事实无异议并认罪认罚。在审查起诉阶段检察官讯问时，祝某某辩解称是案外人方某某将SCAR型仿真枪出售给郭某某。后经检察官自行补充侦查，查明上述1支SCAR型仿真枪确系案外人方某某出售给郭某某，犯罪嫌疑人祝某某非法买卖1支以压缩气体为动力的枪支，不构成非法买卖枪支罪。后虹口公安分局撤回对犯罪嫌疑人祝某某非法买卖枪支罪的起诉意见。

◆ 检察机关履职过程

2019年7月1日，虹口公安分局对“7·1”非法持有枪支案立案侦查。2019年9月4日，该局将案件移送上海市虹口区人民检察院（以下简称虹口区检察院）审查起诉。受理案件后，虹口区检察院对虹口公安分局提供的下列证据进行了审查：犯罪嫌疑人祝某某及其下家郭某某的多份有罪供述，二人对买卖枪支的型号、数量、交易时间、地点、价格等细节的供述均能够相互印证；祝某某和郭某某在交易前后的部分微信聊天记录和网上转账记录，证实涉案格洛克 18C 型仿真枪的交易情况；从郭某某处查获并扣押的涉案枪支，经鉴定均是以压缩气体为动力的枪支，可以击发并具有致伤力。

当犯罪嫌疑人祝某某在审查起诉阶段即将进行认罪认罚具结书签署前，提出 SCAR 型仿真枪系案外人方某某出售给郭某某的辩解后，检察官立即调整讯问思路，引导祝某某详细供述方某某向郭某某出售枪支的经过，方某某的身份信息和之前替方某某“顶包”的动机、目的。检察官经初步判断认为祝某某的辩解有一定合理性后，迅速开展自行补充侦查，以祝某某、郭某某手机中保存的微信聊天记录，拍摄的照片、视频，郭某某的行踪轨迹等客观性证据作为自行补侦的重点，并多次讯问郭某某，询问郭某某的妻子。最终，查明上述 SCAR 型仿真枪确由方某某出售给郭某某而非祝某某出售，现有证据仅能证实犯罪嫌疑人祝某某非法买卖 1 支以压缩气体为动力的枪支，不构成非法买卖枪支罪。

虹口区检察院经与虹口公安分局沟通协商，并开示自行补充侦查获取的证据，虹口公安分局于2020年3月4日主动撤回了犯罪嫌疑人祝某某非法买卖枪支的起诉意见。被告人郭某某经虹口区检察院提起公诉，于2020年9月29日以犯非法买卖枪支罪被上海市虹口区人民法院（以下简称虹口区法院）判处有期徒刑4年。

◆ 典型意义

本案是一起犯罪嫌疑人先替他人“顶包”贩卖枪支并认罪认罚，后又提出辩解，经检察机关自行补充侦查后查明其无罪，有效防止冤假错案发生的非法买卖枪支案件，体现了检察机关作为国家法律监督机关的职能定位和客观公正的立场。

一、准确辨别翻供与合理辩解，妥善处理案件

翻供是指犯罪嫌疑人、被告人在对案件事实进行有罪供述后又推翻全部或部分供述，导致前后数次供述的内容不一致甚至互相矛盾，影响定罪量刑的情形。审查起诉阶段犯罪嫌疑人翻供是检察机关办案中常常会遇到的问题，根据有关统计，在有些地方犯罪嫌疑人或被告

人前后供述不一致的情况高达70%。[1]对此，检察官不宜一概认为翻供就代表犯罪嫌疑人认罪态度不好而反感抵触，而是应当根据犯罪嫌疑人供述的新的事实、翻供的原因和理由、翻供时的面部表情和神态，结合现有的全案证据及相互印证情况，区分不同情况进行处理：翻供前的有罪供述稳定、详细，且与其他证据相互印证，犯罪嫌疑人不能对翻供原因作出合理解释的，可以采信原有的有罪或罪重供述；翻供后的无罪或罪轻供述稳定、详细，且与其他证据相互印证，犯罪嫌疑人能对翻供原因作出合理解释的，可以采信翻供后的无罪或罪轻供述；翻供后的无罪或罪轻供述虽与现有的其他证据尚无法相互印证，但犯罪嫌疑人对翻供原因作出合理解释，无法排除合理怀疑的，可以通过退回侦查机关补充侦查或检察机关自行补充侦查的方法查明案件事实。

本案中，当检察官告知犯罪嫌疑人祝某某量刑建议为3年至3年6个月有期徒刑，准备签署认罪认罚具结书时，祝某某突然提出方某某才是枪支真正卖家的辩解。

---

① 龙宗智：《试论与当庭供述相矛盾的庭前供述的使用》，载《法学》2000年第1期。

这既可能是祝某某认为量刑建议过重而提出的无理翻供，也可能是本案确实另有隐情。对此，检察官没有对祝某某的翻供不予理睬，而是迅速调整讯问思路，引导祝某某详细供述方某某向郭某某出售枪支的时间、地点、具体经过，方某某的身份信息以及之前替方某某“顶包”的原因。提审后，检察官初步判断：祝某某翻供前的供述虽然稳定，但在案证据中只有下家郭某某的口供与其相互印证，公安机关因微信已退出登录无法提供微信聊天记录等客观性证据，不能排除之前祝某某和郭某某出于种种原因均作了不实供述的可能性，且根据此次祝某某供述的事实细节和表情神态，加之经网上查询发现方某某确有其人，检察官认为祝某某的供述有一定合理性，需要进一步查证。

二、以客观性证据为核心，还原案件事实

由于当时正值特殊时期，且因报请指定管辖案件已历经二次退回补充侦查，审查起诉期限即将届满，检察官决定暂时放弃前往外地寻找方某某进行核实的补侦方向，而是以客观性证据作为案件的突破口，并迅速制作了自行补充侦查提纲，列明 6 项补侦内容，逐项加以落实。

首先，依托技术力量获取关键的客观性证据，还原案件真相。向虹口公安分局调取两名犯罪嫌疑人被扣押的手机后，在虹口区检察院技术部门的大力支持配合下，通过技术手段成功还原犯罪嫌疑人郭某某与方某某、祝某某与方某某，以及涉案微信群的聊天记录。检察官以祝某某供述的郭某某、方某某二人枪支交易的大致时间作为突破口，逐条查看文字信息、收听语音对话，成功找到能够完整反映犯罪嫌疑人郭某某与方某某经事先商议，于2019年5月9日分别驾车前往杭州交易SCAR步枪，以及交易成功后郭某某验收枪支的微信聊天记录，印证了犯罪嫌疑人祝某某的辩解。

其次，以枪支编号为确认同一性的抓手，锁定案件事实。为了确认微信聊天记录中的SCAR步枪与公安机关从郭某某处扣押并鉴定的SCAR步枪为同一把枪支，检察官翻阅了郭某某手机相册中大量的照片和视频，发现其于2019年5月21日和5月27日在家中自行拍摄了多张枪支照片和使用枪支射击的视频，不仅拍摄日期在郭某某先前供述购买枪支的日期之前，而且该枪支与鉴定意见中的SCAR步枪外形非常相似。为进一步确认枪支同一性，检察官以枪支照片上辨别出的一串数字与字母组成的编号为依据，与鉴定机构提供的被鉴定 SCAR 步枪的高清细节图片进行比对，发现编号完全一致，至此确定 SCAR 步枪的卖家系方某某而非祝某某。

最后，多角度、多途径完善间接证据体系，努力做到极致。为确保查证的事实无懈可击，检察官不断拓展侦查思路，对上述客观性证据作进一步的补充、补强。第一，多次讯问犯罪嫌疑人郭某某，郭某某仍坚称卖家是祝某某，甚至在检察官向其开示其本人与方某某之间关于买卖枪支的微信聊天记录后仍然拒不承认，亦对存在的所有矛盾均无法作出任何合理解释。第二，联系公安机关交警部门，调取郭某某名下车辆在 2019 年 5 月 9 日的道路信息，证实其确于当天驾车前往杭州方向。第三，询问郭某某妻子，了解郭某某于 2019 年 6 月 4 日交易枪支后回到住处时带回的实际枪支数量。

三、准确适用认罪认罚从宽制度，严守证据底线

《最高人民法院、最高人民检察院、公安部、国家安全部、司法部关于适用认罪认罚从宽制度的指导意见》（以下简称《意见》）强调，适用认罪认罚从宽制度，要坚持证据裁判原则，应当以事实为根据，以法律为准绳，严格按照证据裁判要求，全面收集、固定、审查和认定证据，做到犯罪事实清楚，证据确实、充分，防止因犯罪嫌疑人、被告人认罪而降低证据要求和证据标准。本案中，犯罪嫌疑人祝某某在公安机关侦查阶段多次做出有罪供述，并表示自愿认罪认罚。检察官在审查起诉阶段适用认罪认罚从宽制度时，紧紧围绕祝某某认罪认罚的自愿性，对犯罪事实及证据进行全面审查，通过提审及时发现犯罪嫌疑人并非自愿认罪认罚，并对证据进行梳理复核，最终查明事实真相，确保了案件的质量，有效防范了冤假错案的发生。

◆ 相关规定

《中华人民共和国刑法》第一百二十五条

《中华人民共和国刑事诉讼法》第十五条、第一百七十五条

《最高人民法院、最高人民检察院、公安部、国家安全部、司法部关于适用认罪认罚从宽制度的指导意见》第三条

◆ 办案札记

本案原本是一起普通的跨省非法买卖枪支案，却由于其中一名犯罪嫌疑人在审查起诉的最后阶段提出关系到罪与非罪的新的合理辩解而突然变得不再普通。对承办检察官和检察官助理而言，在短短几天内经历了案件可能面临巨大的不确定性，到经过紧张的自行补充侦查形成内心确信，再到案件最终得到妥善处理的过程。虽然办案的过程一波三折，但当案件尘埃落定时，承办人也感到收获满满。

一是对严格落实认罪认罚从宽制度有了更深的认识。《中华人民共和国刑事诉讼法》对侦查机关侦查终结、检察机关提起公诉、法院作出有罪判决规定了法定的证明标准，这一法定证明标准适用于所有刑事案件，包括犯罪嫌疑人、被告人认罪认罚的案件。不同于美国的辩诉交易，适用认罪认罚从宽制度不意味着可以降低证明标准，对检察机关而言，其仍然要按照法定的证明标准全面审查案件，同时还要根据《意见》第二十八条的规定，对认罪认罚的自愿性、合法性进行审查，如有无因受到暴力、威胁、引诱而违背意愿认罪认罚。本案中，虽然犯罪嫌疑人祝某某在侦查阶段一直表示自愿认罪认罚，但在审查起诉阶段经检察官审查后不再认罪认罚，并提出了合理辩解，最终通过检察官自行补充侦查还原了案件真相，凸显了审查起诉阶段对认罪认罚自愿性审查和坚持证据裁判原则的重要性。

二是要坚持以客观性证据为核心的证据体系和审查标准。犯罪嫌疑人的口供相比其他证据看似能够完整反映案件全貌，但也具有高度的易变性和不可靠性，《中华人民共和国刑事诉讼法》规定，对一切案件的判处都要重证据、重调查研究、不轻信口供。只有被告人供述，没有其他证据的，不能认定被告人有罪和判处刑罚；没有被告人供述，证据确实、充分的，可以认定被告人有罪和处以刑罚。本案就是一个典型的例子，虽然上下游犯罪中的上家祝某某和下家郭某某在侦查阶段供述的枪支交易的时间、地点、涉案枪支种类、交易金额、给付方式等内容和细节均能相互印证，但后来查证的事实证实二人在侦查阶段均未如实供述案件事实。因此，在办案中要坚持不轻信口供，高度重视客观性证据的取证和审查工作，在开展自行补充侦查时，要加强与检察机关技术部门的合作，必要时可以指派、聘请有专门知识的人参与取证、办案，发挥专业技术部门在信息、数据方面的优势，获取客观的电子数据，特别是对有一定反侦查意识、删除网络聊天记录或者App退出登录，仅凭检察官难以获取相关证据的情况。事实上，虹口区检察院已经出台了《刑事案件自行补充侦查工作办法（试行）》和《关于检察技术人员协助检察官开展补充侦查工作的若干规定（试行）》等配套规定，为技术人员参与补侦提供了指引。当然，自行补充侦查也并不意味着检察机关单打独斗，除了形成内部的合力，也要加强与公安机关的沟通协作，商请公安机关协助配合取证，提升自行补侦的质效。本案中，对比被鉴定的SCAR步枪上的编号，以及调取犯罪嫌疑人郭某某的高速路口车辆通行信息等补侦工作均离不开公安机关的大力支持与配合。

三是加大枪爆案件法制宣传力度。众所周知，枪支在我国属于违禁品，其生产、流通、持有、使用等都受到法律严格的规定和限制，枪支爆炸物犯罪（以下简称枪爆犯罪）也一直是我国严厉打击的刑事犯罪，近年来公安部多次开展专项行动进行打击，有效维护了公共安全和人民群众的生命财产安全。但可能不那么广为人知的是，刑法意义上的枪支并不仅仅指普通老百姓眼中的所谓真枪，即使是仿真枪、玩具枪，如果经鉴定是以压缩气体为动力且具有致伤力，同样属于枪支。事实上，在本院近年办理的枪爆案件中，多数涉案枪支都是所谓的仿真枪，犯罪嫌疑人很多是军事、枪支爱好者，购买、持有、出售枪支也并非为了实施严重暴力犯罪，但由于涉案枪支经鉴定属于刑法意义上的枪支，通过实体店或者网络销售平台出售或者购买枪支达到一定数量，就涉嫌非法买卖枪支罪，根据《中华人民共和国刑法》第一百二十五条第一款规定，非法制造、买卖、运输、邮寄、储存枪支、弹药、爆炸物的，处三年以上十年以下有期徒刑；情节严重的，处十年以上有期徒刑、无期徒刑或者死刑。本案中，犯罪嫌疑人郭某某犯非法买卖枪支罪，最终被法院判处有期徒刑4年，为自己的行为付出了沉痛的代价。因此，对公安机关、检察机关、审判机关而言，除了依法办理案件，也要严格做到“谁执法，谁普法”，积极参与社会治理，通过传统媒体和“两微一端”新媒体，深入企业、社区、学校，结合法律规定、典型案例，向广大人民群众宣传枪支犯罪的危害性和惩罚的严厉性，特别是军事、枪支爱好者，千万不能抱有侥幸心理出售、购买和持有枪支，若发现有人非法买卖枪支的，要第一时间向公安机关报案，共同维护安全的社会环境。

承办检察官：季军

案例撰写人：季军、沈潇瑜

马某某等七人诈骗案

——重拳打击民族资产解冻类诈骗案件

◆ 关键词

诈骗、民族资产、老年人

◆ 要旨

民族资产解冻类骗局早在20世纪80年代就已经出现，不法分子以缴纳一定费用便可以获得巨额回报为由实施诈骗活动。此类犯罪参与人数多呈传销式、裂变式发展，许多幕后诈骗犯不和被害人直接接触，资金多次转手、变现，案件办理难度极大。与此同时，此类案件的被害人人数众多，且绝大多数为老年人，检察机关在严厉打击该类案件的同时，也在努力做好老年被害人合法权益保障工作。

◆ 基本案情

2019年8月至9月，同案关系人李某某、毛某某编造中国银行理事会负责人的身份，虚构“复兴一号”扶贫项目，并以免费报名参与项目可领取高额扶贫款为诱饵对外公开招募会员，并设置相应层级。同案关系人陈某某、吴某某、王某某分别担任该项目会长、副会长、总统计员，被告人马某某担任项目特大区经理，被告人黄某某、魏某某等人担任项目大区经理，大区经理下设总监、群主等各层级职务，每一层级又配置统计员进行名单统计，配置讲师对项目进行宣传。被告人居某某、刘某某等人担任大区讲师，协助大区经理完成宣传招募工作。同年8月下旬，上述被告人又以项目参与人员过多，需要先缴纳会员费人民币15元为由，骗取被害人殷某某、郁某某等人钱款。上述款项一部分由同案关系人陈某某通过二维码收款的方式收取，另一部分先由各大区自行组织收取，后统一转账至陈某某账户。经统计，被告人马某某等人共计骗取九万余名被害人钱款，涉案金额达百余万元。

◆ 检察机关履职过程

犯罪嫌疑人马某某等7人涉嫌诈骗一案，系上海市公安局虹口分局（以下简称虹口公安分局）于 2019 年 7 月 17 日在工作中发现，有一团队冒充国家名义以参与国家扶贫项目为由实施诈骗，涉嫌民族资产解冻类诈骗违法犯罪活动。案发后，虹口公安分局积极抓捕犯罪嫌疑人，后以诈骗罪移送上海市虹口区人民检察院（以下简称虹口区检察院）审查起诉。虹口区检察院经审查认为，犯罪嫌疑人马某某等 7 人与他人结伙，以非法占有为目的，采用虚构事实、隐瞒真相的方法骗取他人财物，数额巨大，犯罪事实清楚，证据确实、充分，根据《中华人民共和国刑事诉讼法》第一百七十六条的规定，以诈骗罪向上海市虹口区人民法院（以下简称虹口区法院）提起公诉。虹口区法院经审理，认定虹口区检察院起诉书指控的全部犯罪事实，被告人马某某等 7 人诈骗罪罪名成立。

◆ 典型意义

虹口区是上海老龄化程度较高的区域，对于涉老案件的办理是虹口区检察院努力打造涉老案件刑事检察特色品牌的重要举措，积极响应了国家推动老龄事业全面协调可持续发展的重要要求。承办人为了及时挽回被害人遭受的损失，迎难而上，勇于担当，深挖案件线索，解决了几个重点问题，在严惩犯罪分子的同时，充分保障了被害人的合法权益，做到了法律效果、政治效果和社会效果的有机统一。

一、严格依法办案，提升司法质效

相关司法解释对民族资产解冻类犯罪活动的幕后组织者、参与者、指使者明确了证据标准，凸显了“宽严相济”的办案理念。相关司法解释同时还指出，对于发展下线多或屡教不改的骨干代理人，要坚决打击处理，依法追究刑事责任。对一般代理人以教育训诫为主。本案中，承办人根据犯罪嫌疑人的主观故意、客观行为等方面，综合全案证据，确定了犯罪嫌疑人在案件中的角色，深入贯彻了宽严相济的刑事司法政策，实现了良好的法律效果。

民族资产解冻类诈骗案件尽管具备传销式、裂变式犯罪形态，但本质上与非法吸收公众存款、传销活动有所不同。传销有实物支撑，非法集资也有指向的投资项目，但这类案件纯属谎言骗人，犯罪分子不和被害人接触，骗取的资金往往通过多次转手实现变现，犯罪证据难以固定，办理难度非常大。检察机关在履职过程中，第一，加强侦诉协作，积极引导公安机关取证固证，厘清犯罪事实及本质，确保精准有力打击；第二，积极履行自行补充侦查职能，查清犯罪集团资金来源及去向，查明各犯罪嫌疑人涉案金额及非法获利，引导公安机关查封扣押涉案款物，力争最大限度追赃挽损；第三，检察机关通过全面、细致的证据审查，采用刑事讯问技巧，促使犯罪嫌疑人认罪服法，保证司法的公正廉洁；第四，在厘清全案事实并固定证据的情况下，要求公安机关对其他涉案嫌疑人进行追捕追诉，不放纵任何一个损害政府名声、侵害公民权益的犯罪嫌疑人，切实做到不枉不纵。

二、站稳政治立场，履行服务职责

“老吾老以及人之老”一直以来都是中华民族的传统美德。而在几千年的历史长河中，“矜老恤幼”“悼与耄，虽有罪，不加刑焉”这些传统法学理念都在不同时期得到很好的体现，贯穿于我国的文明发展史。政府指出，妥善解决好人口老龄化带来的社会问题，事关国家发展全局，事关百姓福祉。党的十九大报告强调，要积极应对人口老龄化，加快老龄事业和产业发展。虹口区作为老年人群体居住密集度较高的区域，对于老年人司法保护工作的落实是确保办案的正确政治方向，贯彻和落实党的领导的关键措施，也是履行维护人民群众根本利益之职责的重要手段，有利于维护国家的长治久安、维护社会的和谐稳定，实现良好的政治效果。

民族资产解冻类诈骗案件的犯罪嫌疑人通常不和被害人直接接触，骗取的资金往往通过多次转手实现变现，办理难度大，而老年人极易成为该类诈骗案件的被害人。虹口区检察院为老年被害人挺身而出，迎难而上，体现新时代检察官应有的担当。在本案中，60岁以上的老人成为主要受害对象，这些老人有的既是受骗者又是骗局组织者。究其原因，主要是老人赋闲在家，与外界交流较少，对信息筛选辨别能力不强。而此类诈骗往往只需缴纳几十元或上百元，却能许诺巨额回报。很多老年人往往抱着侥幸心理参与其中，继而利用多年积累的人脉资源，吸引更多人入局，这些老年人从受骗者逐步变为积极参与者甚至组织者。检察机关在办理该案过程中，一方面，坚决贯彻宽严相济的刑事司法政策，对处于一定层级并担任一定职务的老年被告人从严打击，对作用相对较小的老年被告人从宽处理；另一方面，大力追赃挽损，维护老年被害人的权益，实现法律效果和社会效果的统一。

在高龄化社会的当下，检察官以高度的紧迫感和责任感来对待老年人安全事业，并为构建具有中国特色的老年人权益保护模式而努力。

三、强化以案释法，增强普法效果

随着互联网技术的蓬勃发展，民族资产解冻类骗局利用网络社交平台的实时性和快速传播性，引诱大量不明真相的老年人上当受骗。老年人由于心理、经济等多方面的原因，更易成为犯罪的受害者。帮助和救助老年被害人是全社会的责任，而如何更好地预防老年人被害，则是司法工作者不得不面对的一个现实问题。检察机关在办理该类诈骗案件过程中发现，老年受害者的比例占比最高，因此对于诈骗案件的社会普法教育显得尤为重要。检察机关通过本案以案说法，以召开新闻发布会通报等形式，向社会公众开展普法宣传教育，将个案变为具有普遍教育意义的典型，做好法治宣讲工作，提升老年人的防范能力，努力减少侵害老年人合法权益的案件发生，让犯罪无计可施。此外检察机关还撰写相关防范刑事犯罪指南，结合典型案例以案释法，带法进社区宣讲，揭露犯罪本质，警示犯罪风险，增强大众保护自身合法权益的意识及自觉抵制犯罪倾向的能力，提高老年人抵制犯罪的意识和能力，切实发挥检察机关在案件中对社会公众的引导和教育作用，增强案件的社会效果。

◆ 相关规定

《中华人民共和国刑法》第二百六十六条

◆ 办案札记

一个案件按照流程办结并不困难，但是能否把案件办出成效、能否通过案件延伸检察职能，展现的是检察官的担当。该案的成功办理，做到法律效果、政治效果和社会效果的相统一，得益于以下几点。

第一，检察机关在履职过程中，深入剖析案件发生的现实原因及背后的历史，以更高的站位对案件进行全面把控。相关历史资料显示，所谓“民族资产解冻”确有其事。为引诱群众入局，诈骗主犯往往会成立虚构的民间组织，自称受政府委托，或者直接成立一个虚假的中央政府部门，发动民众秘密解冻这批资产，但需要一笔解冻资金，或者以政府发放高额扶贫款、养老款为由，招募会员以入股的方式投入资金，并谎称一旦解冻或项目成立，会员就有巨额的回报。

本案正是一起民族资产解冻类诈骗案件，涉案人员众多，组织机构庞大，被害人逾万名，包括众多老年人，社会影响恶劣，严重扰乱社会经济秩序。可以说，现实生活中，总有些不学无术的人喜欢吹牛皮唬人，牛皮越大越能忽悠人。近20年来，这类骗局几乎没有停歇。如今这一骗术插上互联网的“翅膀”，受害范围和规模显著增长，骗术也不断升级，已经演变成一种集时事政治、传销、诈骗于一体的混合形态犯罪。本案被告人正是通过虚构“中国银行理事会”，伪造政府机关文件，假借国家大政方针，然后搭载微信、支付宝等即时支付渠道，集“互联网＋时事政治＋传销洗脑＋军队管理”于一体实施犯罪。检察机关正是在全面了解类案衍变历史的基础上，找准政治站位，发挥检察职能，让犯罪分子无处遁形。

第二，检察机关在履职过程中，深入分析被告人参与犯罪的原因以及被害人权益被侵害的原因，切实做到不枉不纵、宽严相济。综观全案，我们不难发现，被害人被骗的原因有两方面：一方面是犯罪分子吹嘘的项目看上去非常真实，犯罪分子通过电脑技术伪造了相关文件，让所有的被害人相信了这个所谓的中央政府部门的存在，同时他们把这个项目吹嘘得非常完美，让被害人都相信了这个项目的真实性。骗子们打着精准扶贫、民族复兴的幌子，更有甚者假冒国家领导人签字，伪造国家机关公文证件，并假借“中国梦”“脱贫攻坚”“一带一路”“全面建成小康社会”等时事概念，设计并推出一个又一个的骗局，在互联网和移动互联平台上兴风作浪。对积极参与本案实施诈骗的犯罪分子，检察机关使用法律武器对其进行严惩。另一方面是被害人自身的射幸心态，被害人觉得15元不是什么大的费用，想用15元去博十多万元的钱款，他们有以小博大的心理，而假设项目最终是虚假的，那么被害人支付的15元会员费对他们自身而言也不是什么大的损失，很多被害人也不至于为此报案，使得犯罪分子可以逃避法律的追究。

第三，检察机关注重检察职能的延伸，强化以案释法，增强普法效果，将个案变为具有普遍教育意义的典型，切实做到“办理一案，教育一片”，进而提出良好的对策，扩大案件的教育启示作用。我们注意到本案老年被告人占有一定比重，同时老年被害人更是占被害人的绝大多数，老年人预防犯罪、预防被害的能力尚处于薄弱环节，检察机关带法带案进社区宣讲普法，以期提升老年人防范犯罪的能力，为保障老年人的合法权益而努力。

世界各国或地区对老年人这一特殊群体的关注，是一个社会迈向文明、和谐的重要举措。我们可以明显感觉到，我国的法律在不断更新完善，但老年人群体由于逐渐退出社会主角的地位，对法治进程不甚了解，对新的法律知识更是知之甚少，这就容易导致他们出于无意或过失触犯法律。一些国家的终身教育制度不仅仅是知识文化的教育，更是法律知识的普及与宣传，这是上海这座走在世界前沿的城市可以借鉴的。司法机关在办理案件过程中，也应当发挥好法制宣传工作，可以发挥社区优势，通过深入社区进行法制宣传，采取案例宣传、入户宣传等方式，切实提高老年人的法律意识，预防犯罪的发生。

第四，检察机关还对老年人权益保护作了积极探索，认为可以协同相关部门建立社区互助制度，让老年人可以在和谐互助的环境下生活。尊老、爱老、敬老、助老一直以来都是中华民族的传统美德，但现代社会生活节奏越来越快，老年人越来越多地独自生活，对家庭的温暖的感受越来越少，精神上无法得到慰藉。建立社区互助制度，可以让社区的老年人在空闲之余多多相处，也可以通过各种活动丰富老年人的生活，让其能够感受到同群体生活的快乐，感受到社会对老年人的关怀。

承办检察官：周日凯
案例撰写人：周日凯

乐某某贪污案

——积极落实监检衔接保障国有资产安全

◆ 关键词

国有企业改制、受委托经营、管理国有资产、不动产权属

◆ 要旨

因国有企业改制中的遗留问题而引发的职务犯罪，面临着案件间隔周期长、政策法规变化快、企业不作为导致案件定性争议等问题，上海市虹口区人民检察院（以下简称虹口区检察院）积极发挥提前介入优势，在案件调查伊始即跟踪案件办理、引导调查；在审查过程中仔细研判案件性质，多次召开专题会议明确补侦方向；在庭审阶段通过精准预判，强化庭审预案，成功指控犯罪，及时挽回国有资产损失，保障区域经济的健康稳定发展。

◆ 基本案情

上海市某甲公司（以下简称某甲公司）原系国有企业上海某乙公司（以下简称某乙公司）的全资子公司，后来经过两次改制成为民营企业。改制过程中，原由某甲公司管理的某某大楼中的涉案房产被明确为国有资产，归某乙公司所有，但因历史原因仍被登记在某甲公司名下并继续由某甲公司经营管理。乐某某在某甲公司改制后成为该公司的实际控制人。2007 年起，乐某某为获取更高的经营管理利润，在明知涉案房产系国有资产而某乙公司怠于变更产权的情况下，利用房屋登记漏洞，擅自将涉案房产作为抵押物，先后多次向他人提供抵押担保并获取收益。截至 2017 年，乐某某通过上述手段共计截留国有资产抵押收益 670 余万元。案发后，涉案房产因债务纠纷被外省法院查封并处于待执行状态。

◆ 检察机关履职过程

2018 年虹口区检察院通过作客《检察长在线》栏目，收到群众举报国有资产流失线索，后积极开展调查核实，经核实发现职务犯罪线索并移送监察机关进行调查。虹口区检察院职务犯罪检察官办案组便通过提前介入、跟踪办理，及时梳理证据、提出补证方向，强化对案件的引导追赃调查，并协同监察机关追回全部国有资产收益。

在乐某某案实际办理过程中，办案组也面临三个问题：对乐某某身份性质的确认、对国有公房权属的认定，以及对刑民交叉案件的法律定性。由于本案案情重大，涉及领域较为敏感，办案组先后多次召开专题会议进行研判，并通过对国有公房管理、国有土地出让等行政事项，合同法、担保法等民事关系进行梳理，抓住案件的重点和焦点问题，最终认定：受国有企业委托管理、经营国有财产的形式不限，实际履行受托事项亦应予以认定；涉案房产的权属登记形式不得对抗国有资产的实质认定；擅自将国有房产抵押并获取收益是经营国有资产的手段，应当予以规制。经过长达一年半的一审、二审程序，法院均支持了上述定性，以贪污罪判处被告人乐某某有期徒刑 11 年，并处罚金人民币 100 万元。

◆ 典型意义

职务犯罪案件办理是全面从严治党、提升党风廉政建设的重要体现和抓手，妥善办理职务犯罪案件是关乎国家工作人员廉洁性、提升人民群众满意度的重要一环。近年来，随着监察体制改革的推进，检察机关与监察机关逐步形成互相配合、互相制约的办案模式，并通过制定配套规定，推动监察执法与刑事司法的有效衔接。本案是监察体制改革以来虹口区检察院办理的涉案金额最大的贪污犯罪案件，且因案件时间跨度长、政策变化较大、国有企业不作为等原因给案件办理造成了阻碍。为此，虹口区检察院通过多方协作、多措并举的方式逐步推进案件办理的走深、走实、走透，确保案件质量和办理实效。

一、及时介入引导调查，确保监检衔接有方向

本案系从虹口区检察院办理的一起国有资产流失公益诉讼中发现的职务犯罪案件线索，线索挖掘后为及时追回国有资产、准确认定案件性质，虹口区检察院当即决定向监察机关移送相关犯罪线索。同时，考虑到本案系国企改制期间的遗留问题，案件衔接及调查方向均存在难点，虹口区检察院没有将线索一送了之，而是通过提前介入等方式继续发挥检察职能：一是在组建公益诉讼专案组后成立职务犯罪案件专案组，由同一分管检察长牵头，专业检察官分阶段介入，从公益诉讼监督到职务犯罪调查全程跟踪办理，程序无缝衔接，确保案件有序流转、办案不留死角。二是突出问题导向，强化规范指引。在监察机关调查初期，检察官即对因企业改制及国有企业不作为造成的国有资产流失追根溯源，在公益诉讼监督的同时，以提前介入为抓手、以问题挖掘为导向，通过联席研讨、查阅文书、共同研判，及时为监察委提供调查及取证方向。三是加强监检衔接，落实相互制约原则。在案件调查阶段即针对涉案房产登记性质及原因、乐某某职务身份及实际履约行为、抵押房产并获取收益的方式及数额等提出针对性调查要求及证明标准，确保案件办理质量及效率。在此过程中，虹口区检察院又构建起监检无缝衔接机制，通过案件线索移送工作机制，形成公益诉讼、职务犯罪、普通刑事犯罪三方线索移送闭环，确保案件办理不留死角，先后向监察机关移送两件管辖交叉案件并得到妥善处理，多次移送涉职务犯罪案件线索。

二、准确把握案件定性，解决争议问题有依据

案件由监察机关移送起诉后，面对因国有企业改制、企业财产混同、经营管理混乱等问题，办案组抽丝剥茧，逐一抓住定性要点，及时纠正认定偏差。一是对国有资产进行实质认定，该资产系因某乙公司怠于变更产权而形成的历史遗留问题，对产权登记的形成时间、原因、经过等进行排摸、核实，明确涉案房产登记为某甲公司所有时未排除国有权属的认定，进一步明确了资产评估认定为国有资产的依据。二是对国有公房管理的政策问题及实际管理、经营情况进行梳理，明确某甲公司在改制前后均为涉案房产的实际经营、管理企业，在改为民营企业后，被告人乐某某仍作为某甲公司实际控制人从事国有房产租金代收、物业管理等具有从事公务性质的行为，实际履行受托事项也应认定其受托经营、管理的身份属性。三是抵押涉案房产并获取收益的行为虽然超出受托范围，但考虑到抵押形式的合法性，抵押权仍实质成立。同时由于部分房产确因抵押被法院查封、冻结，为保障涉案房产涉诉判决的权威性及民事法律关系的稳定性，应肯定乐某某的抵押行为并将其认定

为具有经营、管理性质的受托事项，进而认定被告人乐某某的行为对象系经营行为的收益，而非房产本身。对上述事实的挖掘及法律关系的梳理、案件定性的认定均对指控被告人乐某某的犯罪行为提供了法理依据及法律支撑。

三、全程跟踪追赃挽损，保障国有资产有力度

本案中，被告人乐某某不仅截留、侵吞了其经营的国有资产收益，更使得由其经营、管理的国有资产因为被抵押而面临被外省法院强制执行的窘境。为保障国有资产及其收益的安全，办案组借力借势，通过与监察机关、案件当事人家属、涉案国有单位进行沟通、协商，共同做好追赃挽损工作。一方面，针对国有资产收益流失的情况，办案组积极会同监察机关及时与被告人乐某某及其家属进行沟通、释法说理，对某甲公司账户进行排摸、核实钱款去向，在调查阶段即追回全部涉案款，并将上述经验复制成类案经验，通过排摸财产线索、引导追赃调查，及时发现、查封涉案账户，并将退赃退赔情况作为提出量刑建议的重要依据。虹口区检察院先后在刘某某贪污、挪用公款案中查封股票账户，追回涉案款数百万元；在孙某、邹某受贿案中，经释法说理，当事人家属主动退缴涉案赃款400万元。另一方面，针对涉案房产因被抵押后引发的涉诉及强制执行问题，会同公益诉讼专案组、监察机关与某甲公司及被告人乐某某进行沟通、协商，通过抵押、转让登记某某大楼下某甲公司实际所有的其他楼层，妥善解决因涉诉执行问题引发的国有资产流失隐患，为国有单位的资产回收、处置做好铺垫。此外，通过公益诉讼办案组、区纪检委等对涉案国有单位提出检察建议并做出了相应的处理决定，确保案件不仅案结事了，更能够多角度、多形态、多方式地助推国有企业管理。

◆ 相关规定

《中华人民共和国刑法》第三百八十二条、第三百八十三条

《中华人民共和国监察法》第三十四条

◆ 办案札记

职务犯罪案件的办理就像达摩克利斯之剑，始终高

悬在检察官的头顶，不仅因为案件本身在程序和实体办理上更为复杂和严谨，更是因为每个案件都是对检察官的警醒：慎权、慎行、慎微。办理职务犯罪案件不仅需要检察官有检察自觉、法治自觉，更需要在个体中体现政治觉悟和政治担当。都说检察工作是政治性极强的业务工作，是业务性极强的政治工作，办理职务犯罪案件更要体现政治敏感性、业务专业化和责任担当力。

政治敏感性就是在案件处理全过程中都要围绕国家政策方针，在办案中时刻体现政治效果、法律效果、社会效果的统一。乐某某贪污案中，由于涉及国有企业改制、公房使用权移转、国有公司怠于履职等敏感话题，因此在办案之余必须紧盯案件涉及的妥善处理涉案房产使用权人、应对法院强制执行、监检合作追赃挽损等，不能就案办案、就事论事，要在办案中将案件效果做到最好。同时，跟多个部门沟通协调，也是考验办案组的政治智慧、检察智慧，要充分发挥自身的协调能力和沟通能力，不仅要将案件办好，还要将案件办得漂亮。

业务专业化就是案件办理往往需要法理、条文、实务等多维度融合的法律思维，特别是在本案中，不仅涉及刑法、公司法，还涉及国有土地管理类法律法规、国有房屋租赁政策等“超纲”知识。准确定性国有资产性质、贪污行为手段、历史遗留背景等，才能对案件做出既合法又合情合理的判断。办案组对案件的办理既不能形而上学，也不能照本宣科，要不断学习、不断游走于事实和法律之间，做出最合乎情理、切合法律的认定。我们也常说，法律的生命在于经验，而这种“生命”的活力也就在于我们检察官对知识、对学问、对见闻的如饥似渴中。也许某个领域的知识我们从未接触过，以后可能也再也用不上，但为了办好案子，我们就要跟它较劲，把它啃下来、咽下去、消化掉，这就是检察官的韧性和能耐。

责任担当力就是将自己放入办案组的整体中，面对案件疑难复杂问题和百转千回的程序不退缩、不推诿、不回避。乐某某贪污案中不仅涉及国家工作人员的职务犯罪，还涉及国家资产的大量流失和涉案民营企业的资产处置问题。对案件不能一诉了之，更不能诉完即止，通过先期公益诉讼办案组开展的法律监督和案中配合监察机关追赃，以及后期根据案件办理制定的线索移送规范、监检衔接课题撰写等，都是在案内案外将自己置身于检察工作，担负起办案组的检察职能。责任担当，简单的四个字，却是千斤重的担子。检察官虽然可能只是法治社会中的一颗螺丝钉，但却拧上了社会有序运转中关键的发条开关。

在案外，职务犯罪的办理也给检察官敲响了警钟，有时候看似漫不经心的举动可能涉及大患。比如乐某某贪污案中，乐某某自以为是，认为只要不出事就可以为所欲为，将国有资产摆弄于手中，但这种“不出事”也只是他自己的“自欺欺人”，换言之，即便尚未案发也不代表乐某某的行为就不是犯罪。我们在办理其他职务犯罪案件时，也常会产生疑问，中央三令五申、法规层出不穷，而嫌疑人作为高知分子或领导干部、职场精英，究竟是什么原因造成他们对权力边界认知的模糊？是什么因素促使他们运用手中权力谋取私利？他们脑中的党性觉悟、誓词信仰又在哪里？这种自毁前程的根源，便是“放纵”。

有时候，是权力蒙蔽了双眼，认为处于天地一隅便可只手遮天。权力于我们而言不应是权利，而应是种责任；不应散养于天地，而应被关入牢笼，但对于某些人，权力却成为他们称霸的保护伞、敲门砖、试金石，放纵权力的骄横。有时候，是金钱摧毁了信念，无限的欲望放大了自己对奢靡的追崇。逐利性虽是人的常性，但人之所以为人，不应只追逐常性，还应尊崇向善的本性。金钱可以买来荣华的生活，但一切向“钱”看也终将摧毁一个人的本性。有时候，是享乐淡漠了意识，将法纪和规则抛诸脑后。我们说思想麻木是触犯红线底线的症结，在酒池肉林中麻醉身心，终会落得荒淫无度的下场。“洗洗脸、出出汗”并不是让人“搓搓澡、泡泡温泉”，而是让你甩开膀子地批评和自我批评、鞭策和自我鞭策，只有时刻警醒自己，才不会因为贪图享乐而放弃道德修养、丧失初心本性。

我们常痛惜原本前途光明的国家栋梁落了马、失了足、瘸了腿，但落到办案中，这种痛惜也成了因果有道的一环，看透前世的纷争才有后世的太平。我们既是司法执行者，常常痛斥他们辜负了国家的栽培和信任，怒责他们上对国家、下对家庭的不负责任；我们也是受教育人，面对权力的侵蚀、金钱的利诱、享乐的蛊惑，更要学会如何抵制、如何反抗、如何说“不”！看多了权力追逐下的贪赃枉法和玩忽渎职，他们的下场是咎由自取的结果，却也同样给我们提出了教育和警示，权力不是玩具，容不得半点私心！遥想当年，无数仁人义士为了理想、为了信念、为了民族抛头颅、洒热血，正是他们的付出才有了我们的今天。而如今，面对这些仅因小恩小惠、小权小利就迷失自我的嫌疑人，我们又是何等愤慨与痛惜。而反过来，我们也应当时刻敲木鱼、鸣警笛，不能因我们是执法者，就天真地以为自己即便放松思想也能“百毒不侵”，也许，正是这种“想当然”，才会有办案组里进进出出的“怒其不争”。时刻谨记，我们的思想才是我们最厚实的盔甲，我们的信仰才是我们最有力的武器。

也希望，通过对职务犯罪案件的办理和宣传，能够叫醒更多装睡的公职人员，天亮了，不要企图再摸黑而妄为了！

承办检察官：崔晓丽、盛琳

案例撰写人：盛琳

冉某某、刘某某等人诈骗案

——公检联动配合协作，保质保量办好案件

◆ 关键词

文玩诈骗、提前介入、羁押必要性审查、认罪认罚从宽案件

◆ 要旨

检察机关的积极履职，贯穿于从立案侦查到出庭公诉的审判前全阶段，此乃“发挥检察机关审前主导地位作用”的应有之义。本案的办理体现了上海市虹口区人民检察院（以下简称虹口区检察院）在前述阶段中全程积极履职，取得“三个效果”的统一：包括在立案侦查阶段提前介入，引导侦查证据基础；在捕、诉阶段公检联动，补充侦查夯实全案证据；在审前全阶段，鼓励涉案人员退赃退赔，适时启动羁押必要性审查、认罪认罚从宽等程序，取得了良好的社会效果。

◆ 基本案情

被告人冉某某、刘某某等人自2018年4月起，在四川省成都市成立九州某某艺术品拍卖有限公司（后更名为成都某甲拍卖有限公司、成都某乙拍卖有限公司以及成都某丙拍卖有限公司）和成都某某艺术品评估有限公司（后更名为四川某某艺术品评估有限公司），由冉某某、刘某某全面负责公司业务，后陆续招募被告人周某某、陈某某、王某某等70余人，上述人员利用网络，在明知无真实收购业务的情况下，向被害人谎称高价收购藏品，诱骗被害人与上述拍卖公司签订委托拍卖合同，后将被害人骗至上述鉴定公司进行虚假文物鉴定，以鉴定费、拍卖费、宣传费等理由骗得被害人候某某、刘某等161人钱款共计人民币310余万元，所得款项由各被告人提成分用。

◆ 检察机关履职过程

在公安机关案件侦办初期，虹口区检察院第一时间积极派员至上海市公安局虹口分局先期了解案件情况，提出意见引导侦查方向，在案件收网阶段指派检察官前往抓捕一线，亲历嫌疑人到案的第一现场，并对证据收集、讯问策略提出指导意见。

刑事拘留阶段，虹口区检察院继续与公安机关密切沟通，对公安机关收集的证据材料等进行预审、分析研判，最终上海市公安局虹口分局对83名犯罪事实基本查证属实的犯罪嫌疑人提请批准逮捕。虹口区检察院决定对77名犯罪嫌疑人批准逮捕，并对20人制发应当逮捕犯罪嫌疑人建议书。

在侦查羁押期限内，虹口区检察院积极督促公安机关依法履职，继续夯实了全案证据基础。公安机关经二次延长侦查羁押期限后移送虹口区检察院审查起诉。

经审查，虹口区检察院对78名被告人以涉嫌合同诈骗罪提起公诉，并均获法院有罪判决，对2名未成年犯罪嫌疑人决定不起诉。提起公诉的78人中，74人自愿认罪认罚，45人全部或部分退赔赃款，全案追赃挽损超200万元。

◆ 典型意义

本案作为本区受理的跨地域人数最多、涉案金额特别巨大的大型涉众网络犯罪案件，又同时存在涉老年被告人等特殊情形，史无前例地动员全院力量成立专案组，群策群力办好案件。

专案组克服案件调查取证周期长、取证难度大的困难，通过分阶段制定预案，内外配合协作，高质高效办结案件。

一、发挥公检联动，确保提前介入制度落到实处

案件收网阶段，虹口区检察院指派检察官协同专案组赶赴成都，共同参与抓捕及前期审讯工作。2018 年 9 月 29 日，成都、上海两地警方协作，对该案涉案人员展开集中抓捕行动，共抓获该团伙犯罪嫌疑人 147 人，当场查获大量赃款及作案工具。检察官亲历抓捕第一现场，对案件证据手机、现场勘验固定提出意见并现场监督，对抓获的犯罪嫌疑人讯问方案提出意见。

二、发挥部门联动，确保案件保质保量按时办结

该案涉案人员众多，审查逮捕阶段时间紧、任务重，为保证该案审查逮捕工作的顺利开展，虹口区检察院领导高度重视，抽调精干力量成立专案组办理该案。

为确保审查逮捕阶段讯问的有效性和关联性，专案组全体成员放弃周末休息，分成 12 个审讯组赴看守所集中提审。每日审讯结束后，院领导、专案组检察官和公安机关临时工作组成员对审讯中发现的问题进行当场研判、当场补强。

此外，专案组通过每日检察官联席会议的方式，共同讨论案件办理情况，由会议确定定罪、逮捕标准，对办案中发现的问题及时研究解决，并统一要求公安机关补充证据材料。审查逮捕期间各检察官先后调取20余部犯罪嫌疑人的手机进行审核，要求公安机关补充被害人材料34份、公司业绩表1份、考勤表1份、鉴定证书电子版267份、微信群聊天记录若干，据此补强了10名犯罪嫌疑人的定案证据。

由于本案各犯罪嫌疑人户籍地、居住地均不在上海市，但根据汇总表格显示，本案有部分被害人居住地在本市虹口区。依据《中华人民共和国刑事诉讼法》第二十四条、《公安机关办理刑事案件程序规定》第十五条的规定，刑事案件由犯罪地管辖。犯罪地包括犯罪行为发生地和犯罪结果发生地。犯罪结果发生地包括犯罪对象被侵害地。由于本案各犯罪嫌疑人户籍地、居住地均不在上海市，但根据前期取证汇总显示，本案有部分被害人居住地在本市虹口区。因此，本案部分犯罪结果发生地在本市虹口区，公安机关据此将本案交由上海市公安局虹口分局办理。

三、发挥检察能动，积极督促公安机关依法履职

捕后阶段，专案组持续跟进案件侦查活动，因本案绝大多数被害人均是在网上看到诈骗信息后赴成都被骗，案发时均已返回各自住处，查找难度较大。为全面查证犯罪事实，明确各犯罪嫌疑人的犯罪数额，虹口区检察院积极督促公安机关查找案件被害人，补强相关证据材料。公安机关派出多个小分队，奔赴全国各地，最终在审查逮捕阶段的基础上，又追加认定40余名被害人的被骗事实。同时，对认罪态度好的犯罪嫌疑人，贯彻宽严相济的刑事政策，积极适用认罪认罚制度，鼓励其退赃退赔，及时变更强制措施。

◆ 相关规定

《中华人民共和国刑法》第二十五条、第二十六条、第二十七条、第六十七条、第二百二十四条

《中华人民共和国刑事诉讼法》第十五条、第二十四

条、第一百七十一条、第一百七十六条

《公安机关办理刑事案件程序规定》第十五条

◆ 办案札记

一、全流程跟踪，夯实引导侦查证据基础

公检法三机关之间是“分工负责、相互配合、相互制约”的关系，公安机关与检察机关是平等的制约关系。虽然检察机关具有侦查监督权，但是公安机关在刑事侦查中拥有完全的独立性，侦查活动由侦查机关自行决定实施，检察机关不享有侦查的指挥权。故对侦查活动的监督，主要是通过对侦查机关移送的案卷进行审查，决定是否批准逮捕或提起公诉，以及对立案和侦查程序是否合法进行监督等形式来实施的。这种监督方式都是针对已经侦查到一定阶段或侦查终结的案件，是一种静态的、被动的、事后的监督，更多的是对结果的监督，而不是对过程的监督，监督效果受到限制。

因此，要实现对侦查行为的全过程动态监督，提前介入必不可少。尤其是大案、要案的办理，要用好进入检察环节之前的取证“黄金时间”，在公安机关侦查

初期主动介入侦查、亲历抓捕、讯问第一现场，指导侦查机关精准取证，提高报捕、提诉案件质量。发挥“捕诉一体”制度优势，在逮捕环节适用起诉、审判标准全面审查案件，全方位审查事实、证据、量刑情节、监督事项等。对证据尚未达到起诉要求的，制发《逮捕案件继续侦查提纲》引导捕后侦查取证；对量刑情节证明材料不清晰的，提示公安机关补充；对侦查环节存在违法、违规情况的，及时制发《纠正违法建议》督促改正。

二、用好认罪认罚，升级检察环节主导效用

检察官在追诉犯罪中的主导责任与以审判为中心的诉讼制度改革没有冲突，检察官的主导责任不会削弱法官审判权的中心地位。主导责任履行得越好，案件的事实和证据就越能经得起法庭的检验，确保在惩罚犯罪的同时保障无辜者不受追诉，为以审判为中心的诉讼制度改革创造有利条件。

检察官的主导责任，尤为重要的就是审查逮捕阶段、审查起诉阶段时积极适用认罪认罚从宽制度。在审查逮捕阶段加强对认罪认罚从宽适用条件的审查，做好犯罪

嫌疑人自愿认罪认罚释法说理，在审查起诉阶段提高确定刑量刑建议提出率，增强被告人对案件罪名及量刑建议的接受度、认可度。本案中，80 名移送审查起诉的犯罪嫌疑人中，74 人自愿认罪认罚，认罪认罚适用率达 92.5%。对自愿认罪认罚的犯罪嫌疑人向法院提出从轻处罚、可适用缓刑的建议，有力彰显认罪认罚从宽的制度优势。

三、打好办案“组合拳”，鼓励涉案人员积极退赔

在犯罪事实清楚、证据确实充分、涉嫌行为已经构成犯罪的情况下，是否具有法定从宽情节或者酌定从宽情节对案件的处理结果有较大影响。积极退赔就是一个十分重要的酌定从宽情节，这一情节在一定程度上能反映被告人的悔罪态度，对被破坏的社会关系的修复也有积极意义。所以在司法实践中，在指控犯罪的同时，注重从追赃挽损、化解矛盾的角度审查案件，可以有力地确保“三个效果”相统一。本案中，办案检察官对人数众多的犯罪团伙积极分类处理，综合考量其参与程度、涉案金额、认罪态度、退赃效果等因素，衡量其不同的社会危险性。对主动退赃的涉案人员，依职权启动羁押必要性审查，对 40 余名嫌疑人由羁押变更为

取保候审。

检察官的职业担当是一种责任，是一种承载一切的勇气，是检察人人格的迸发。敢于担当、敢于承担责任的人生书写着伟大，镌刻着璀璨，是为己为人为国的不朽篇章。

承办检察官：崔晓丽、柳文彬、周健、丁琢之、曹婧、王新新、施丹、李丹、万力、王蔚、盛琳

案例撰写人：朱拓程

加强机制建设，强化法律监督

——依法打击惩治“套路贷”犯罪

◆ 关键词

“套路贷”、办案机制、法律监督、综合治理

◆ 工作情况

自 2018 年全国扫黑除恶专项斗争开始，上海市虹口区人民检察院（以下简称虹口区检察院）始终将打击“套路贷”犯罪作为专项斗争的重要部分，不断提高政治站位，切实保障人民群众人身财产安全，切实维护金融市场秩序和社会公平正义。

2018 年至 2020 年，虹口区检察院在扫黑除恶专项斗争和打击惩治“套路贷”专项行动中，共受理“套路贷”审查逮捕案件 79 件 203 人，经审查批准逮捕 148 人，逮捕率约为 72.9%；因证据不足不批准逮捕 55 人，经引导公安机关补充侦查后，重新报捕 21 人，经审查批准逮捕

20人，仍然做出不捕决定1人。受理“套路贷”审查起诉案件71件175人，提起公诉案件65件158人，同意公安机关撤回案件5件16人，证据不足不起诉1人。目前，法院已判决46件105人。其中判处有期徒刑10年以上的有24人，3年以上10年以下的有38人，判处罚金共计人民币1213.6万元。

办案中，虹口区检察院积极履行审查逮捕、审查起诉、诉讼监督、综合治理等各项检察职能，提升“套路贷”案件的打击力度、广度、深度和精度，取得了良好的政治效果、法律效果和社会效果。一是准确认定恶势力。认定恶势力犯罪集团案件1件，恶势力案件6件22人。办理的田某某、俞某某等11人恶势力犯罪集团案被评为2019年虹口区检察院检察官新时代新担当新作为优秀案（事）例。毛某某、刘某某等5人诈骗案入选上海市人民检察院“套路贷”犯罪白皮书。二是各环节全链条打击。处理套路贷10人以上共同犯罪团伙3个，5人以上共同犯罪团伙8个。除放贷人员、讨债人员、资方、中介等以外，依法追究1名律师、1名公证员、4名房产中介的刑事责任，对涉嫌包庇“套路贷”犯罪的1名派出所副所长认定为“保护伞”。三是积极开展法律监督。共计追捕、追诉到位13人，抗诉案件2件6人，立案监督案件2件。制发纠正违法通知书2份、检察建议9份。正确运用宽严相济的刑事政策，对自愿如实供述自己罪行的48人适用认罪认罚从宽制度。

◆ 工作机制

虹口区检察院在办理“套路贷”案件过程中，一方面不断提高政治站位，更新完善刑事司法理念，从类案入手，建立多项办案机制，有力打击“套路贷”犯罪，同时做到标准统一，不枉不纵；另一方面切实履行检察机关的法律监督职能，发挥审前主导作用，让参与“套路贷”犯罪分子无处遁形。

一、加强配合衔接，建立办案机制

1. 建立“套路贷”案件办案决策制度

涉黑涉恶的“套路贷”案件由检察长、分管检察长带头包抓；设立“打击惩治‘套路贷’专项行动办公室”，由分管检察长亲自挂帅。建立由第三检察部主任领衔的“套路贷”案件专办小组，统一“套路贷”案件认定标准，通过串并案件深挖“套路贷”案件犯罪线索。发挥检察官联席会议的示范效应和检察委员会的撑腰把关作用，通过联席会议和检委会，统一执法尺度，严格程序规定，对“套路贷”涉黑涉恶案件拟不捕、不诉的，经检察官联席会议讨论后，由检委会讨论决定或检察长决定。

2. 形成打击“套路贷”配合衔接机制

加强与公安机关、法院的衔接配合，统一区域内“套路贷”犯罪案件的办案标准，提升办案人员依法打击能力。与区公安、法院会签《虹口区办理“套路贷”刑事案件的工作指引》，与区公安分局会签《关于合力打击惩治“套路贷”违法犯罪活动的意见》，健全案件移送、提前介入、补充侦查等办案机制，形成打击惩治合力。与区监委联合制定《关于案件线索移送反馈机制的意见（试行）》，推动落实“套路贷”案件“一案三查”，保持对“套路贷”黑恶势力违法犯罪背后“关系网”“保护伞”的严打高压态势。

3. 建立防范“套路贷”长效机制

虹口区检察院积极开展宣传引导和综合治理工作，建立防范“套路贷”长效机制。一是联合法宣部门拍摄多个“套路贷”宣传微视频，向社会公众宣传套路贷的犯罪手法及危害，取得良好的社会反响，其中两个微视频获得高检院奖项。二是2019年、2020年两次召开新闻发布会，发布“套路贷”典型案例，邀请区人大代表、政协委员、居民代表及新闻媒体等参与，取得良好效果。三是通过检察官授课、市民讲堂等形式进行法制宣传，让群众精准识别、自觉远离并勇于与“套路贷”违法犯罪做斗争，共同构筑起社会立体监管体系。

二、强化法律监督，发挥主导作用

1. 深挖犯罪线索，追捕追诉漏犯

一是从共同犯罪整体出发，查清“套路贷”犯罪团伙的层级组织及人员分工，收集各成员间相互配合协作的证据，及时串并案件。如办理的赵某某、马某某等5件11人系列套路贷案件，从一名被害人借款的多个环节出发，查实多个“套路贷”团伙，查找到多名其他被害人。二是抓住案件细节分析研判，找准突破点，攻克疑难复杂案件。如毛某某等5人诈骗一案，发现被害人银行转账后大部分钱款转入案外人舒某某账户，而在案人员供述舒某某系毛某某所在某小贷公司老板，据此认定舒某某有实施套路贷诈骗犯罪的重大嫌疑，成功将其追捕到案，并通过毛某某、舒某某的供述，破获了一个与房产中介相勾连，以非法占有被害人房产为目的的“套路贷”诈骗团伙，另逮捕 2 人，追捕到位 1 人。三是针对案件中发现的其他犯罪线索，开展立案监督。如办理的被害人邬某某被骗一案，对涉及的 3 个“套路贷”团伙共 15 人提起公诉，还发现被害人邬某某以伪造的证据提起民事诉讼，非法过户亲属房产用于借款的虚假诉讼犯罪事实，对其立案监督。

2. 加强引导侦查，积极自行补侦

加强提前介入引导侦查、落实自行补充侦查和不捕、不诉案件跟踪督促制度，扎实履行好检察机关在刑事诉讼中的主导责任。以捕后补侦、不捕补侦、退回补充侦查方式，向公安机关制发补充侦查提纲共计 67 份 376 条。办理的田某某、边某某等系列“套路贷”诈骗案，在办案中一方面根据法律政策调整和案件具体情况，及时自行收集、固定证据，补强证据；另一方面通过将相关案件串并联，有效获取、盘活分散在各个案件中的证据，从最初单独的一件诈骗案层层剥茧、逐步深挖，获评“上海市检察机关优秀自行补充侦查案（事）例”。又如办理的汪某某、高某某诈骗案，在退回补充侦查时详细阐明补充侦查的理由，指明补充侦查的方向和取证目的，对于需要调取的证据，均详细列明所需调查的银行账户信息、人员身份等，补充侦查意见具备可操作性，对于公安机关未能调取的民事诉讼材料，多次前往宝山区、普陀区人民法院调取案卷材料，前往被害人苏某某家中补充询问等，准确查证了案件事实。

3. 依法从严办案，强化审判监督

坚持依法从严办案，做到“该严则严，当宽则宽”，对首要分子从严打击、从重处罚，对受雇参加犯罪集团的其他成员，依法适用认罪认罚从宽。针对法院未认定起诉书指控事实的案件和被告人认罪认罚反悔的案件，依法提出抗诉，切实履行审判监督职责。如在办理田某某、边某某等 11 人恶势力犯罪集团案件时，法院对起诉书认定的徐某某被骗事实不予认定，导致相关被告人被从轻、减档处罚的情况，经检委会讨论同意，依法向上级法院提起抗诉，获二审改判。又如办理的王某某、陆某某等 3 人诈骗案中，对审查起诉阶段自愿认罪的朱某某提出较轻的量刑建议，针对判决后朱某某认罪认罚反悔上诉的情况，依法提出抗诉。

4. 规范办案程序，开展综合治理

针对公安机关办理“套路贷”案件过程中存在的程序不规范问题，及时制发纠正违法通知书、检察建议予以纠正，确保“套路贷”案件办案质量。对案件中发现的同质性问题，以检察建议督促行政机关依法履职。如对一“套路贷”案件辩护律师未经办案部门同意私自会见被害人并引诱作证的情形，向其注册地司法局发出检察建议。针对多名房产中介参与“套路贷”的问题，向房管部门发出检察建议。针对公证处违规为他人办理公证的情况，向多个公证处、司法局制发检察建议，获相关部门的高度重视。

◆ 工作设想

扫黑除恶专项斗争和打击惩治“套路贷”专项行动虽然已经收官，但虹口区检察院将以人民安全为宗旨，推动持之以恒、坚定不移地打击黑恶势力及其“保护伞”。随着对“套路贷”的打击和宣传，新发“套路贷”案件明显减少。“两高两部”《关于办理非法放贷刑事案件若干问题的意见》和《中华人民共和国刑法修正案（十一）》先后将非法放贷和非法催收高利贷债务行为入刑。虹口区检察院下一步会将打击重点从“套路贷”违法犯罪向非法放贷延伸，维护国家金融市场秩序与社会和谐稳定。此外，虹口区检察院将持续开展宣传引导和综合治理工作，聚焦宣传资源和优势，畅通非法放贷类违法犯罪举报通道或信息报送平台，通过线上和线下的宣传，让群众精准识别、自觉远离并勇于与“套路贷”违法犯罪做斗争，共同构筑社会立体监管体系。

◆ 工作札记

对检察官们来说，“套路贷”案件不仅仅是一个个数字，也是一张张褪色的银行流水、一个个不幸的家庭、一次次激烈的讨论……在办案中，检察官们深感肩上责任的重大，只有更加倍地投入、更审慎地决定、更勇敢地担当，才能让每个案件达到政治效果、社会效果和法律效果的统一。如在办理毛某某等人诈骗案时，检察官通过跟踪追查涉案赃款的去向，发现隐藏在放贷人背后的资方老板，成功将其追捕到案，破获了一个与房产中介相勾连的“套路贷”诈骗团伙。又如被害人邬某某被骗一案，检察官除了对涉及的3个团伙15人提起公诉，还发现被害人以伪造的证据提起民事诉讼，非法过户亲属房产，成功立案监督了一起“案中案”。在边某某等人诈骗案中，通过自行补充侦查，挖出背后大老板，并且成功抗诉，纠正了法院判决。

扫黑除恶专项斗争虽然收官了，但同黑恶势力和“套路贷”犯罪做斗争并未结束，我们要做好长期作战的思想准备，扎扎实实办好每一起案件，用实际行动践行“以人民为中心”的办案理念。

事例撰写人：曹婧

李某某、陈某某等十二人诈骗案

——全链条打击民族资产解冻类诈骗

◆ 关键词

扶贫、诈骗、追赃挽损、认罪认罚

◆ 要旨

民族资产解冻类诈骗犯罪案件近年来层出不穷，其犯罪手法有别于传统的诈骗案件，且多为涉众型诈骗犯罪，严重侵害人民群众财产安全、损害政府公信力、扰乱社会经济秩序、影响社会安定。对此，检察机关重拳出击，在认真分析研判案件特点、实现精准打击的同时，引导公安机关强化固定证据，全面开展追捕追诉工作，并积极追赃挽损，全链条严厉打击此类诈骗犯罪。

◆ 基本案情

2019 年 8 月至 9 月，犯罪嫌疑人李某某编造中国银行理事会负责人的身份，虚构“复兴一号”扶贫项目，并以免费报名参与项目可领取高额扶贫款为诱饵对外公开招募会员，并设置相应层级。由犯罪嫌疑人陈某某担任该项目会长，由吴某、王某分别担任副会长、总统计员，马某担任项目特大区经理，吴某某等人担任项目大区经理，大区经理下设总监、群主等各层级职务，每一层级又配置统计员进行名单统计，配置讲师对项目进行宣传，协助完成宣传招募工作。李某某以中国银行理事会负责人“武萍”身份向陈某某传达工作，其后又与毛某某共同使用接替“武萍”工作的“丁秀”身份。同年8月下旬，上述犯罪嫌疑人以项目参与人员过多，需要先缴纳会员费人民币15元为由，骗取被害人钱款。上述款项一部分由陈某某通过其二维码收款的方式收取，另一部分款项先由各大区自行组织收取，后统一转账至陈某某的中国农业银行账户。经统计，被告人李某某、陈某某伙同他人共计骗得被害人会员费人民币109万余元。

◆ 检察机关履职过程

本案系上海市公安局虹口分局于2019年7月17日

在工作中发现，有一团队冒充国家名义以参与国家扶贫项目为由实施诈骗，涉嫌民族资产解冻类诈骗违法犯罪活动。该局提请上海市虹口区人民检察院（以下简称虹口区检察院）提前介入引导侦查取证后，奔赴各地积极抓捕犯罪嫌疑人。2019 年 10 月，上海市公安局虹口分局将涉嫌诈骗的李某某、陈某某、毛某某等 12 名犯罪嫌疑人分别提请虹口区检察院批准逮捕。虹口区检察院作出批准逮捕决定后，上海市公安局虹口分局于 2019 年 12 月 20 日并案移送虹口区检察院审查起诉。虹口区检察院于 2020 年 4 月 3 日向上海市虹口区人民法院提起公诉。现该案已经法院判决生效。其中，主犯李某某被判处有期徒刑 13 年，并处罚金人民币 20 万元；陈某某被判处有期徒刑 11 年，并处罚金人民币 20 万元。

◆ 典型意义

民族资产解冻类诈骗犯罪背后隐藏着一套金字塔式的管理模式，不法分子伪造国家部委印章、证件、公文，或是冒充国家机关工作人员，编造“精准扶贫”“养老帮扶”等虚假项目，谎称只需缴纳一定费用就能获得巨额回报，煽动群众参与，以此来达到发展会员、吸收资金的目的。此类犯罪严重侵害人民群众财产安全、损害政府公信力、扰乱社会经济秩序、影响社会安定，必须全链条严厉打击。

一、厘清犯罪模式，确保精准打击

此类案件的犯罪手法看似新奇，实则是老骗局穿上了电信网络的新外衣。承办检察官综合案件证据，准确分析研判此类案件的犯罪手法特点。它的犯罪模式是：最顶层是李某某等所谓伪造国家机关负责人身份的犯罪分子，编造虚假扶贫项目，伪造虚假身份证明；第二层是陈某某等虚假扶贫项目的总区域负责人，负责招揽划片区域负责人、发展下线、宣导项目；第三层是大量的区域负责人，如马某等，积极发展一般会员，向一般民众宣传虚假扶贫项目并收取会员费；第四层则是被害人，犯罪分子针对的大多是中老年人，他们处于食物链的底端，听信谎言，支付会员费等待所谓巨额扶贫款的发放。对此，承办检察官针对不同阶层采取了不同的打击手段：前两个阶层是必须严厉打击的对象，而在第三阶层需要区分参与时间长短、主观明知程度进行具体的分析研判，以此确保对此类案件的精准有效打击。

二、强化引导侦查，纠正漏捕漏诉

民族资产解冻类诈骗犯罪案件参与人员多呈传销式、裂变式发展，许多幕后老板不和被害人直接接触，资金多次转手、变现，犯罪证据难以取得，案件办理难度极大。为此，承办检察官积极履行法律监督职能，依据“两高一部”《关于依法惩治民族资产解冻类诈骗及相关犯罪的意见》对民族资产解冻类犯罪活动的幕后组织者、参与者、指使者的证据标准规定，引导公安机关进一步侦查取证，强化固定证据，尤其是引导公安机关及时固定涉案的电子证据，规范电子证据的取证活动，并切实纠正漏捕漏诉。在本案中，由于主犯拒不认罪，承办检察官通过提前介入引导公安机关侦查和自行补充侦查相结合的方式补齐证据、夯实证据锁链，从陈某某的手机中提取到了“复兴一号”人物架构图，通过该架构图以及调取的陈某某的微信聊天记录、银行流水成功锁定了同案犯，明确了同案犯在诈骗团伙中所起的作用及犯罪金额。同时，依据上述调取的证据，追诉武某、王某某等

13 名同案嫌疑人。现该 13 名同案犯已全部追诉到位。承办检察官通过耐心细致的释法说理使被告人自愿认罪认罚，最终使得各名犯罪嫌疑人罚当其罪。

三、兼顾追赃挽损，提升办案效果

虹口区检察院坚持以人民为中心的工作理念，以提升群众安全感和满意度为工作目标，积极发挥司法能动性，在惩治犯罪的同时高度重视追赃挽损工作，最大限度地降低人民群众的财产损失，以促进社会的和谐稳定，实现办案政治效果、社会效果、法律效果的统一。承办检察官在办理此案中，充分发挥检察职能，积极践行司法为民，全力将追赃挽损贯穿始终。一方面，承办检察官主动加强与公安机关的协作，保证及时查封、扣押、冻结涉案财物，阻断涉案财物移转链条；另一方面，承办检察官积极做好释法说理和法治教育工作，多次向犯罪嫌疑人及其家属说明认罪认罚等相关条款，鼓励积极退赃、真心悔罪。通过承办检察官的细致工作，“复兴一号”整个项目架构从组织者到下级同案犯被摧毁殆尽，受害的 9 万余名群众的 100 万余元被骗钱款也被及时扣押、追缴，有力挽回了被害人的财产损失，切实提升了被害人的平安感。同时，承办检察官对被害人以案宣教、以案释法，劝导他们要提高警惕，增强防范意识，让他们在感受到公平正义的同时，更感受到法律的温度和力度。

◆ 相关规定

《中华人民共和国刑法》第二百六十六条

◆ 办案札记

近年来，民族资产解冻类骗局出现歪曲国家政策、高学历人员幕后策划等新特点。犯罪分子通过微信等社交平台层层发展下线，裂变式传播，形成行动隐秘、层级分明的组织，在网络的“掩护”下，受害范围和规模显著增长，往往给案件的侦办和追赃挽损带来巨大难度。

第一步，破解办理此类案件的难点，认定涉案犯罪嫌疑人对虚假扶贫项目的主观明知。本案犯罪嫌疑人众多，起初很多人本来是被害人，却因为贪欲最终沦为加害人。在审查起诉阶段，许多犯罪嫌疑人还在辩称不知道“复兴一号”项目是虚假的，尤其是陈某某、吴某某等人一直坚称自己被“武萍”蒙骗。承办检察官在审查全案后，结合涉案犯罪嫌疑人的认知能力、既往经历，从以下几个方面认定其对该项目的虚假性具有主观明知：一是所谓的银理会并不存在，只需要通过简单网络查询、搜索就可以轻易了解其存在与否。二是作为国家扶贫项目均依法公示公开，不存在陈某某在其团队微信群中所谓的“高度保密、低调运作”，陈某某等人非但不主动对项目的真实性做一定了解，反而层层发展会员、不审核会员信息、不以贫困情况而以层级架构职务享有所谓扶贫款，使用自己的微信二维码收款等。三是陈某某等人在参与“复兴一号”项目之前即已参与其他虚假的养老扶贫项目且没有成功兑现仍积极参与其他项目发展、管理会员。综上，足以证实犯罪嫌疑人明知“复兴一号”项目是虚假的。

第二步，发挥认罪认罚从宽制度的积极作用，提升指控犯罪质效。案件的办理也是破局的过程。针对该案部分犯罪嫌疑人拒不认罪、部分犯罪嫌疑人供述不稳定的情况，承办检察官一方面通过补充侦查夯实证据锁链，另一方面通过详细阐明认罪认罚从宽制度，加强政策宣教。承办检察官向犯罪嫌疑人和辩护人详细阐释了本案拟起诉认定的事实、罪名、情节，量刑建议的理由和依据，自首、认罪认罚、赔偿损失等情节的量刑从宽幅度等，充分听取了犯罪嫌疑人、辩护人或值班律师的意见。大多数犯罪嫌疑人在证据强有力的指证下，对其参与民族资产诈骗的行为和主观认识予以供认，主动自愿认罪认罚，并在辩护人、值班律师见证下签署了《认罪认罚具结书》。通过部分犯罪嫌疑人认罪认罚，进一步查清案件事实，教育转化同案犯。

此外，检察机关在办理此类涉众型诈骗案件时，应当及时对案件定性、行为模式进行研判，厘清涉案人员的地位、作用，引导公安机关对涉案的电子证据等及时予以固定，规范电子证据的取证活动，扩大办案成果。

承办检察官：王新新
案例撰写人：王新新

加强诉讼监督

徐某被诈骗立案监督案

——调查核实监督立案，识破民间借贷幌子

◆ 关键词

立案监督、监捕诉防一体、全程引导侦查

◆ 要旨

在面对案情复杂、定性分歧较大的立案监督案件时，“监捕诉防一体”的办案机制更有利于发挥检察官的主导作用。检察机关与侦查机关全程对接、全面沟通、全程引导，共同分析研究解决方案，在监督中引导，在引导中推进监督，确保监督质效，实现法律监督工作的双赢、多赢、共赢。

◆ 基本案情

2017 年 7 月至 2018 年 1 月，被告人陈某伙同季某（另案处理），以过桥投资、资金周转等为由骗取被害人徐某

共计人民币 141.9 万元；又谎称可以提供担保，骗取被害人殷某、申某共计人民币 188.7 万元。骗得钱款被陈某、季某用于归还欠款和个人花销。

◆ 检察机关履职过程

线索评估：上海市虹口区人民检察院（以下简称虹口区检察院）受理徐某的立案监督申请后，通过询问徐某、核实银行资金流水等材料，发现季某因涉嫌非法吸收公众存款于 2016 年 5 月便已出现集中兑付、资不抵债、资金链断裂的情况；陈某、季某以过桥投资、资金周转为由先后介绍徐某办理房屋抵押贷款、车贷、信用贷，并在借款初期采用先归还再借贷的方法，吸引徐某共计出借资金达 140 余万元；陈某、季某通过办理抵押贷款等方式还向殷某、申某等人借款，涉案金额共计高达 180 余万元。据此认为，陈某、季某有共同骗取徐某等人钱款用于偿还投资人（被害人）的重大嫌疑，有刑事立案的必要性，应当立案侦查。

调查核实：检察机关在受理徐某申诉后，及时向公安机关了解不予立案的理由，公安机关认为徐某与陈某等人系民间借贷关系，无法认定陈某等人具有非法占有的故意。为准确定性本案，检察官经过分析研判认为，认定涉嫌犯罪与否的关键是陈某等人的资产状况、所得钱款的去向和用途。为此确立了以陈某取得徐某钱款后的资金流向为首要调查核实方向。检察官根据徐某提供的转账记录等线索，调取陈某收款银行账号的资金明细，并通过交叉筛查陈某银行交易明细与季某非法吸收公众存款、集资诈骗案的投资人（被害人）名单，初步查实陈某收款后将高达 85% 的钱款用于偿还季某的债务，少部分用于个人花销，可以证实陈某并未按照约定管理徐某出借资金。在确定借款资金去向后，又面临陈某与季某有无非法占有徐某财产的共同故意问题。为此，检察官询问季某非法吸收公众存款、集资诈骗案中与陈某有借贷关系的 5 名投资人（被害人）、15 名证人，初步查明陈某与季某的关系密切，陈某参与季某公司的经营活动，经常与季某共同应对客户催讨，以提供担保等为由稳住投资人等，证实了陈某明知季某集中兑付、资不抵债、资金链断裂的事实。为了查明陈某本人有无归还借款的能力，排除可能出现的辩解，将陈某的资产状况作为调查核实的方向，并调取了陈某名下的十余个银行账户、不动产登记情况、所涉的民事诉讼等，初步证实陈某并无稳定收入且名下不动产因诉讼被法院查封，拖欠银行上百万元的欠款，资产状况不良，没有归还借款的能力。通过充分的调查核实后，检察官认为确有证据证实陈某伙同季某以借款为由诈骗徐某等人钱款的犯罪事实。

监督立案引导侦查：检察机关经过调查核实初步证实陈某涉嫌诈骗犯罪后，与公安机关积极沟通，阐明检察机关认为该案符合刑事立案条件的理由，最终公安机关作出立案决定。为确保该案立案后符合起诉的条件，检察官根据庭审对证据的要求，积极引导侦查机关将调查核实的证人证言等言词证据转化为符合刑事诉讼的证据形式，同时引导侦查机关对陈某、季某加以审讯，并对资金去向进行司法审计，明确犯罪数额和资金去向比例等重要事实。

监捕诉防一体推进诉讼：为保证案件诉讼过程的顺利推进，虹口区检察院积极探索“监捕诉防一体”办案机制，立足办案实际，主动担当，由监督部门的检察官承办陈某诈骗案的审查逮捕、审查起诉工作。一是增加部门间联动。由于本案的同案犯季某已由虹口区检察院第七检察部审查起诉，在分管检察长的主持下与第七检察部多次召开跨部门检察官联席会议，就如何认定主观故意、如何准确认定案件性质、如何计算犯罪金额等进行分析，并统筹好季某案的补充起诉工作。二是督促报捕、移诉。侦查机关在立案后对陈某采取取保候审的强制措施，为防止陈某转移资产、串供、毁灭证据，虹口区检察院第二检察部一方面积极引导侦查机关及时取证，另一方面全程跟踪案件侦查进展，督促侦查机关加快逮捕、起诉节奏。在条件允许的情况下，及时要求侦查机关移送报捕，并依法作出批准逮捕的决定。三是自行补充侦查补强证据。在侦查机关移送审查起诉后发现陈某另有前科劣迹，为此自行调取了陈某的前科判决材料，发现陈某在此次犯罪时仍处于缓刑考验期内。另外根据陈某的辩解，复核了部分被害人以及同案犯季某的辩解，强化陈某具有非法占有主观故意的证据链。四是精心准备加强庭审指控。由于陈某到案后否认犯罪，检察官全面梳理证据，针对陈某的辩解制定详细的庭审预案，明确了庭审讯问、举证等环节的重点，整体庭审效果较好，合议庭在充分听取公诉意见后，当庭作出有罪判决。

监督结果：虹口区检察院监督上海市公安局虹口分局于2019年8月20日对陈某以涉嫌诈骗罪立案；于2020年4月3日以诈骗罪对陈某批准逮捕；于2020年4月16日向上海市虹口区人民法院提起公诉。2020年5月22日，虹口区法院以诈骗罪判处陈某有期徒刑12年，并处罚金人民币12万元，撤销前罪缓刑部分，连同前罪判处的有期徒刑3年，并处罚金人民币5万元，决定执行有期徒刑13年，并处罚金人民币17万元。同案犯季某被追加认定诈骗罪，判处有期徒刑18年，罚金人民币47万元。

◆ 典型意义

1. 科学研判线索，精准评估刑事立案可能性

检察机关开展立案监督，主要是审查侦查机关作出立案或不予立案决定的合法性，重点是根据已掌握的证据判定所证明的事实是否可能需要追究刑事责任。

本案在立案监督前期，因案件事实具有民间借贷的

假象，同时涉及大量借贷事实，资金走向较为混乱，其中部分案件事实与虹口区检察院第七检察部当时正在办理的季某集资诈骗案犯罪事实相互交织，以至于难以确定本案被告人陈某的行为性质。经过虹口区检察院科学研判，一是厘清陈某伙同季某或以先还再借，或以提供担保吸引被害人连续出资，共同诈骗被害人的行为模式；二是梳理陈某相关银行卡资金去向，确定陈某以“过桥投资”“资金周转”为名，取得被害人钱款后未用于生产经营，而系用于偿还季某及陈某个人债务的犯罪事实，精准评估刑事立案可能性。由于立案前案件还未正式进入刑事诉讼阶段，证明材料之于待证事实难以完全做到确实、充分，除审查与犯罪构成要件紧密相关的事实要素外，虹口区检察院还充分关注了被告人行为的动机、目的等，综合考量事实存在、行为经过的合理性。

2. 主动调查核实，以证据说服侦查机关立案

有证据证实有犯罪事实是刑事立案的前提，检察监督也应当以证据为基础。检察机关应当充分发挥主观能动性，调查核实申诉人控告的犯罪事实。由于调查核实的手段有限，应当科学规划调查核实方向，遵循从客观到主观的思路，重视客观证据的收集，以证据为核心。

有证据证实有犯罪事实是刑事立案的前提，检察监督也应当以证据为基础。虹口区检察院充分发挥主观能动性，调查核实被害人控告的犯罪事实。由于调查核实的手段有限，第二检察部科学规划调查核实方向，通过询问20余名投资人、证人确定被告人陈某在犯罪中的地位和作用；通过资金走向确定被告人行为模式、钱款去向；通过查询季某与陈某银行账户明细、不动产查封情况、所涉其他民间借贷诉讼纠纷等确定其还款能力。虹口区检察院重视客观证据的收集，遵循从客观到主观的思路，尽可能充分收集证据及涉案信息，按照证明标准和证据规则组织整合各类证据，形成较为完整的证据体系，通过向公安机关制发要求说明不立案理由通知书，在客观证据相对充足的基础上，督促公安机关立案侦查，有力证明犯罪事实，增强检察监督刚性。

3. 探索监捕诉防一体机制，发挥主导作用

检察机关对要求侦查机关立案的案件，不仅要以“立得起”为标准，还要以“诉得出”“判得了”为目标。检察机关应保持监督立案与后续检察环节信息畅通，加强监督立案后的跟踪督促，及时引导侦查机关调查取证，同时通过引导侦查，将庭审需要的证据标准，从侦查初期便传递给侦查机关，充分发挥检察机关在刑事诉讼中的主导作用。

一是增加部门间联动。在分管检察长的主持下与第七检察部多次召开跨部门检察官联席会议，就如何认定主观故意、如何准确认定案件性质、如何计算犯罪金额等进行分析，统筹好同案犯季某的补充起诉工作。二是督促报捕、移诉。侦查机关在立案后对陈某采取取保候审的强制措施，为防止陈某转移资产、串供、毁灭证据，虹口区检察院要求侦查机关加快证据收集、逮捕、起诉节奏。在条件允许的情况下，及时要求侦查机关移送报捕，并依法作出批准逮捕的决定。三是自行补充侦查补强证据。移送审查起诉后，虹口区检察院自行调取了陈某的前科判决材料，发现陈某仍处于缓刑考验期内，同时对相关证人的证言进行复核。四是精心准备加强庭审指控。由于陈某到案后否认犯罪，检察官全面梳理证据，针对陈某的辩解制定详细的庭审预案，明确了庭审讯问、举证等环节的重点，整体庭审效果较好，合议庭在充分听取公诉意见后，当庭作出有罪判决。

监捕诉防一体机制有助于检察官从监督到引导侦查，从审查起诉到出庭公诉，全面把握案情和证据，增强监督的刚性、引导侦查的针对性、审查起诉的高效性、庭审指控的有效性，凸显检察机关监督办案的效果。

◆ 相关规定

《人民检察院刑事诉讼规则（试行）》第五百五十七条第一款

《中华人民共和国刑事诉讼法》第一百一十五条

《公安机关办理刑事案件程序规定》第一百八十七条

◆ 办案札记

2019年1月4日，徐某到虹口区人民检察院控申窗口，称自己被陈某等人诈骗上百万元，公安机关却以民事纠纷为由不立案，徐某请求虹口区人民检察院立案监督。检察官审查公安机关的卷宗后，整合所有材料发现三个极不合理的疑点：第一，徐某是尿毒症患者，家境贫寒，为何出借上百万元？第二，上百万元的借款竟然没有合同和利息？第三，徐某没有驾照，为何多次贷款买车？

带着这些疑问，承办人第一次接触陈某，已经不是第一次接受司法机关询问的陈某说辞非常自然，甚至有点委屈：“我没有骗徐某，他的闲钱我借给别人过桥了，我在外面有很多项目，还有房子，给我点时间我一定能还。”事实真的如此吗？面对各名涉案当事人不一致的说法和复杂的资金流水，本案到底是民间借贷还是刑事诈骗？我们认为，本案的关键就在于陈某是否有非法占有的目的。

主观故意的推定有很大的难度，在陈某拒不承认的情况下，我们只能从客观证据着手来——推翻陈某的辩解，为此我们从三方面开展调查核实。

1. 陈某辩称的过桥项目的真实性。我们从陈某的账户入手，从18家银行调取了几百页的银行交易明细，发现每次徐某的资金进入陈某的账户后，都会被迅速转给季某和数十个陌生账户，其中一半以上都转给了季某，再也没有回流。这个季某又是谁？经调查，季某开设的理财公司于2015年就开始资不抵债，目前正因涉嫌非吸和集诈被审查起诉。陈某处理徐某资金的方式明显不是过桥。

2. 陈某的经济能力是否足以偿还债务。我们从陈某的资信入手，跑遍了上海一半的法院，发现陈某从2010年起就没有固定收入，唯一的住房从2014年起被5家法院轮候查封了7次，除徐某的债权外，经法院判决认定的债务就已经高达数百万元。陈某没有存款，也没有经济收入，更不可能抵押或出售名下唯一住房偿还徐某债务，显然不具备偿债能力。

3. 陈某将资金汇入季某账户，陈某是否知道季某资不抵债。我们仍然从资金流入手，在两周内询问了20名证人，也就是前述的数十个陌生账户的主人、资金最终的流向。原来从2017年开始，陈某便多次帮助季某出谋划策逃避债务，同时参与调停季某陷入的各类借款纠纷，陈某对季某资不抵债应当明知。

经过大量走访调查，检察官认定以下事实：2017年，徐某为填补动拆迁差价和换肾，向季某、陈某求助，二人便怂恿徐某将房子抵押借款，随后，陈某以帮徐某赚钱为由向徐某借款110万元，当徐某用钱时却无法套现，陈、季二人竟再一次怂恿徐某以购车名义向多家小贷公司借款76万元。而这些钱又被陈某用同样的借口借走交由季某使用。随着贷款到期，徐某面临房子被拍卖、背负高息债务的下场。至此，陈某明知季某的公司爆雷，本人也没有还款能力，可以推定陈某具有非法占有的故意。

经过多次沟通，公安机关于2019年8月21日决定立案侦查。但立案不是我们监督的终点，因为多名证人都反映正是由于陈某的担保才向季某不断追加投资，扩大了损失。我们履行检察机关全面审查的职责，没有止步于认定一个犯罪嫌疑人、一节被骗事实，而是引导公安机关固定证据，追究陈某和季某共同诈骗其他被害人的犯罪事实。

2020年4月后，我们便立即建议公安机关加快办案节奏，我院也在审查后迅速提起公诉。庭审中，面对铁一般的证据，陈某的辩解显得苍白无力。2020年5月22日，法院采纳了检察机关的意见，判处陈某有期徒刑13年，同案犯季某也由我院补充起诉后被判处有期徒刑18年。

从徐某走进检察院，到法院作出判决，从薄薄几页申诉状，到满满一箱证据材料，这场抽丝剥茧的破案之旅历时一年四个月，我们也深深感受到一个案件从无到有的艰辛。判决生效后，就像其他案件一样，所有的努力都被装订成册。看着这些卷宗，检察官说，监督不是目的，打击犯罪、维护社会公正，让人民群众在每一起案件中都感受到公平正义，才是我们共同的追求，也是双赢、多赢、共赢理念的真谛。

承办检察官：周健、付丽娟
案例撰写人：周健、阮舒青

刘某某、刘某诈骗案和朱某某诈骗案

——充分行使检察权，全力打击“套路贷”诈骗犯罪

◆ 关键词

追捕、立案监督、自行侦查

◆ 要旨

检察机关作为法律监督机关，承担着保证准确、及时地查明犯罪事实，正确应用法律，惩罚犯罪分子的重要职能。在扫黑除恶专项斗争中，检察机关更要运用好追捕、立案监督、自行侦查等检察权，尽力还原案件事实真相，使罪轻者不被重判，使“漏网之鱼”难逃法网。

◆ 基本案情

2012年2月，被害人沈某某经王某某介绍至被告人刘某某处借款，签订金额为人民币（以下币种均为人民币）25万元的借款协议书，并就位于本市虹口区天宝西

路某房屋（以下简称天宝西路房屋）办理全权委托被告人朱某某处理的公证和不动产抵押登记。在通过银行转账方式收到25万元后，当场取现5万元，实际借得20万元。

2013年3月至4月，被告人刘某某指使被告人朱某某以10.6万余元将天宝西路房屋的银行贷款提前还清，并在被害人沈某某不知情的情况下，利用上述全委公证，由被告人朱某某代签房地产买卖合同将天宝西路房屋以交易形式过户给被告人刘某，后由被告人刘某于2015年8月将天宝西路房屋转卖给徐某某，得款103万元交由被告人刘某某。

◆ 检察机关履职过程

2019年7月4日，上海市公安局虹口分局收到区扫黑办移送的关于举报人沈某某反映刘某某以放贷为名骗取举报人天宝西路房屋的央督线索。经核查，该局于2019年7月8日受理沈某某的报案，由欧阳路派出所承办。举报人沈某某称，其向刘某某、朱某某等人借款20万元，后被骗房屋一套。本案遂案发。该局审查后于

2019年8月6日将此案以沈某某被骗案立案侦查。被告人朱某某于2019年11月28日被江苏省阜宁县公安局抓获并移交至该局归案。

2019年12月25日，上海市公安局虹口分局对本案仅以朱某某涉嫌诈骗罪提请上海市虹口区人民检察院（以下简称虹口区检察院）审查逮捕。经审查，虹口区检察院发现该案遗漏应当逮捕的被告人刘某某，且被告人刘某的在案证言笔录有作伪证的可能，遂追捕被告人刘某某，后于2020年1月14日就刘某伪证的情况经核查属实，将被告人刘某涉嫌伪证罪的犯罪线索移送该局。

2020年2月24日，上海市公安局虹口分局对本案仅以朱某某涉嫌诈骗罪移送虹口区检察院审查起诉，而对被告人刘某某始终未能抓捕到位，亦未对被告人刘某涉嫌伪证罪立案侦查。虹口区检察院遂予以立案监督。2020年5月7日，被告人刘某某被该局抓获归案。同月11日，该局以刘某伪证案立案侦查，同日，被告人刘某到案。本案遂告破。

2020年8月5日，上海市公安局虹口分局以刘某某、刘某涉嫌诈骗罪移送虹口区检察院审查起诉。经讯问，被告人刘某某、刘某均拒不认罪。为加强指控，虹口区检察院通过自行侦查和退回公安机关补充侦查以夯实证据基础。后虹口区检察院于2020年8月21日将刘某某、刘某诈骗案连同经两次退回补充侦查的朱某某诈骗案一并向上海市虹口区人民法院提起公诉。

2020年11月27日，上海市虹口区人民法院经数次公开开庭审理后，采纳虹口区检察院所有指控的事实、证据及公诉意见，以诈骗罪一审判处被告人刘某某有期徒刑11年，判处被告人朱某某、刘某有期徒刑5年6个月。

◆ 典型意义

检察机关的法律监督职能贯穿于整个刑事诉讼活动的始终。其中，对于公安机关履行侦查职能的监督是较为重要的一环。因为公安机关的侦查职能是否有效履行关系到一个案件的基本事实能否查清、基本证据能否固定，而事实与证据正是一切刑事诉讼活动的基础，所有的审查起诉工作和审判工作都是围绕着案件事实和证据进行的。所以，检察机关要充分运用检察权，通过立案监督、侦查监督对公安机关侦查职能的有效履行形成有力督促，切实保障每一个案件能够事实清楚、证据确实充分。本案是一起典型的在民间借贷过程中采用“套路贷”方式骗取房产的诈骗案件，但公安机关在侦查时未能及时收集充分的证据，也未能合理分析排除矛盾的证据，导致案件事实不清，主犯逍遥法外。本案的办理，彰显了检察机关对公安机关的法律监督职能在还原案件事实、夯实证据基础方面的重要作用。其典型意义主要体现在以下三个方面。

一、准确研判在案证据，及时追捕案件主犯

本案最初系公安机关仅以朱某某涉嫌诈骗罪提请虹口检察院审查逮捕，而将刘某某、刘某列为证人。

从在案证据看，被害人沈某某称，是通过中介向朱某某、刘某某借款25万元，且是朱某某办理的全权委托处理房产的公证，后来房子在不知情下被过户；中介王某某称，是介绍被害人向朱某某借款，且是朱某某找他的老板刘某某出资放贷；老板刘某某称，是朱某某找他出资，又是朱某某利用全委公证瞒着被害人将房产出售；买房人刘某作证，是从一陌生的朱姓男子处购得房产，又是该朱姓男子的账户收取了70万元房款的转账；而朱某某的笔录对上述放贷、全委、卖房等过程均基本供认。根据公安机关呈现的证据材料，现被害人沈某某指证朱某某，证人王某某、刘某某、刘某都指证朱某某，而朱某某本人又基本供认，本案到此似乎已经事实清楚。但是，经过仔细分析就不难发现，上述证据呈现的案件事实其实存在两处疑点：第一，被害人的陈述不仅指向朱某某，还指向刘某某，但为何在案的其他证人证言和犯罪嫌疑人供述都似乎忽略了关于刘某某的内容？第二，明明刘某某是老板，朱某某是员工，但为何在案的证据却显得朱某某像是主犯呢？

为解答上述疑点，我们讯问了朱某某。而讯问的结果揭开了本案不为人知的一面。朱某某交代，其所做的一切都是刘某某指使，中介王某某是刘某某哥哥的挚友，买房人刘某是刘某某的亲侄子，他们在串供，所谓房产交易就是暗箱操作，根本不存在70万元房款的交付。

朱某某的供述显然与证人王某某、刘某某、刘某的证言矛盾，但是，该供述能够与被害人的陈述相印证，并且能够使得原先疑点重重的案情变得顺理成章。

经过对在案证据及朱某某于审查逮捕期间所作供述的综合研判，被害人沈某某被朱某某、刘某某通过“套路贷”方式骗取房屋的基本事实得以确立。作为具体实行者的朱某某，自然应当对其批准逮捕。至于刘某某，因在案言词证据存在主要矛盾，故暂无法判断其在本案中的作用大小，但其身为资方已参与到“套路贷”之中，则其诉讼地位绝不是公安机关认定的证人，而是犯罪嫌疑人。不仅如此，倘若朱某某的供述经查证属实，则刘某某更是团伙之首，应予严惩。因此，虹口区检察院在对朱某某批准逮捕的同时，也应对刘某某予以追捕。

最终的侦查结果证明，刘某某确系本案主犯，且系最终被法院判处10年以上有期徒刑的重犯。检察机关对刘某某的追捕取得了良好的法律效果，且对该案后续侦查取证工作的顺利开展都产生了十分积极的意义。这一切都得益于检察机关在案件初期对于证据的仔细分析和准确把握。

二、充分行使立案监督权，督促公安机关积极侦查

对于本案，公安机关最初仅将刘某某、刘某列为证人的误判，在很大程度上是源于被刘某作证时的谎言所

误导。刘某在作证时首先隐瞒了与刘某某之间的亲属关系和与朱某某早就相识的重要事实，谎称从一陌生的朱姓男子处购得房产，营造出其本人正常购买天宝西路房屋的假象并掩盖了刘某某参与该房屋过户的事实。接着，刘某关于朱某某主导该房屋的交易过户及朱某某账户收取 70 万元房款转账的虚假证言，进一步将责任归于朱某某，使公安机关误以为刘某某在本案中的作用只是放贷中的出资，从而得出朱某某系本案唯一犯罪嫌疑人的错误结论，没有对刘某某采取进一步的侦查或强制措施。

朱某某在审查逮捕期间的供述直指刘某某与刘某串供，并坚称天宝西路房屋的所谓交易根本不存在房款交付。因此，要核实刘某证言的真假，关键在于两点：一是亲属关系，二是房款流水。在对朱某某批准逮捕并追捕刘某某后，虹口区检察院请公安机关就上述两点予以核实。经查证，刘某确系刘某某之侄，而所谓 70 万元房款亦无任何转账记录。一切皆如朱某某所言。虹口区检察院遂将刘某涉嫌伪证罪的犯罪线索移送公安机关。

然而事过两个月，公安机关仍未对刘某伪证案立案侦查，亦未将刘某某抓捕到案，其间仅将朱某某以涉嫌诈骗罪移送审查起诉。鉴于刘某某作为本案幕后主犯的嫌疑越来越大，仅对朱某某一人进行处理既不能还原案件事实真相，也不能正确评价朱某某在案件中的地位作用，同时，对知悉案情的刘某加强讯问成为查清案件事实的关键。因此，必须督促公安机关积极开展侦查工作，让刘某某和刘某及时到案接受讯问，便于进一步侦查取证。虹口区检察院遂予以立案监督，要求公安机关说明不立案的理由。

在虹口区检察院的督促下，公安机关将刘某某抓捕到案，又对刘某伪证案立案侦查，且立案当日刘某到案。刘氏叔侄到案后虽拒不认罪且百般狡辩，但虹口区检察院却能够根据其二人的辩解引导公安机关开展有针对性的侦查，取证工作有的放矢，大大加快了查清本案事实的步伐。公安机关立案后经侦查发现，刘某涉嫌与刘某某共同实施诈骗，其作虚假证言的目的在于掩盖自己的罪行并包庇同案犯，故其作伪证的行为被诈骗行为吸收，遂将刘某某、刘某以涉嫌诈骗罪移送虹口区检察院审查起诉。

对刘某伪证案的立案监督是本案得以水落石出的关键。本案起初因刘某某与刘某的事先串供，使得公安机关的取证方向集中于朱某某，以致指证刘某某的证据缺失，更没有关于刘某参与本案的证据。在这种情况下，虹口区检察院以涉嫌伪证罪入手，通过立案监督的方式督促公安机关积极开展侦查工作，让刘某及时到案，对查清本案由刘某某、朱某某、刘某共同实施犯罪的事实真相起到了有效的催化促进作用。

三、自行侦查与引导侦查结合，进一步厘清案件事实

刘某某和刘某到案后继续保持串供的说辞，拒不承认房屋交易的虚假性，虽然承认了叔侄关系，但就70万元房款没有转账流水的客观事实则以先前记忆不清为由改称是现金交付。关于房屋交易是否真实，成为决定本案定罪与否的关键。面对二人的负隅顽抗，只有用证据才能令其服法。对此，虹口区检察院在审查起诉阶段开展了自行侦查，同时引导公安机关进一步补充侦查。

首先，虹口区检察院向被害人沈某某复核了陈述笔录，强化了关于放贷细节的询问。沈某某在虹口区检察院陈述了很多公安机关制作的笔录中未记载的细节。从中我们得知刘某某不仅只是出资，而是放贷、全委、卖房等全过程均在场，且在放贷并当场砍息时分赃较多。这一陈述与朱某某在虹口区检察院审查起诉阶段的供述在诸多细节上都进一步印证，进而使刘某某在本案中的主要地位逐渐显现。

其次，虹口区检察院针对房屋交易细节加强对刘某的讯问。面对细节上的讯问，刘某含糊其词，破绽百出。其一，刘某作为购房人却对天宝西路房屋的产权人沈某某与实际居住人沈某某之父毫无认知，亦无对接；其二，房屋买卖合同并非由刘某与产权人签订，而是由同案犯朱某某代签；其三，刘某作为购房人，却对房屋交易的中介方毫不知情；其四，关于70万元房款的大额资金交付是转账还是现金，刘某作为付款人竟前后说辞矛盾；其五，刘某以用作婚房为由购买该房屋却从未入住，而是随即转卖；其六，转卖系由刘某某具体操作，而刘某对交易细节毫不知情；其七，关于房屋转卖后得款103万元的去向，刘某居然尽数交给了刘某某，还强行辩称将大额资金存于叔叔账户比存于本人账户更令人放心。至此，刘某作为刘某某为过户天宝西路房屋而找来的代持房屋的枪手角色已一览无余。

为进一步查清案件事实，虹口区检察院引导公安机关调取了房屋交易过户的相关书证材料和房款资金走向的相关银行流水明细，查明刘某在收得天宝西路房屋后确以 103 万元转卖并将所得款项尽数转到了刘某某的账户。不仅如此，刘某后来又以其名义在本市宝山区购买一套房屋，但又从未入住，而是出租，且购房资金系来源于刘某某。经讯问，刘某对第二次购房的交易细节又不知情。因此，进一步印证了刘某专门为刘某某代持房屋的作用。

经过补充侦查，本案已然真相大白。当初被公安立为主犯的朱某某，实际上只是参与了放贷全委和房屋过户的前半段；当初作伪证的刘某，实际上是参与了房屋过户和转卖变现的后半段；而策划整个过程的刘某某才是真正的幕后主犯。

对于主要言词证据存在矛盾的疑难复杂案件，需要一个个细节和证据抽丝剥茧，一步步厘清事实，才能让谎言显形。对于疑难复杂案件，公安机关在收集物证书证和言词证据的过程中，往往难以面面俱到，会不可避免地存在一些细节上的疏漏。这就需要检察机关在审查逮捕、审查起诉过程中对案件进行“精加工”，通过自行侦查和引导公安机关补充侦查，确保每一个案件都能查清事实，证据齐全。

◆ 相关规定

《中华人民共和国刑法》第二百六十六条

《中华人民共和国刑事诉讼法》第八十一条、第一百一十三条、第一百七十五条

◆ 办案札记

检察工作绝不是把公安机关侦查的案件搬到人民法院去审判那么简单。在审查公安机关收集的证据时要慎之又慎，因为检察官的每一个判断都会左右一个人的一生，每一个决定都会影响社会的公平正义。

就本案而言，公安机关起先仅对朱某某以涉嫌诈骗罪提请审查逮捕，而并没有对刘某某和刘某采取任何强制措施。公安机关对本案的最初判断和取证方向无疑存在一定的偏差。如果我们在审查时没有仔细研判证据，

没有追捕刘某某，没有对刘某立案监督，该案就会以朱某某一人的诈骗案进入审判阶段。如此，虽然一样能结案，朱某某一样会被判刑，因为他本就有罪，我们的工作量甚至还能大为减少，但是，内心告诉我们，这样是不行的！主要证据还存在矛盾，案件事实还没有查清，我们就还欠当事人一个交代，我们就还欠社会一个公道。被害人的财产权益明明被多人侵犯，若仅让朱某某一人承担责任，就无法对被害人实现公平正义；朱某某明明是从属地位，若让他承担主要责任而被判重刑，就无法对朱某某实现公平正义；刘某某和刘某分别是幕后主犯和帮凶，若让他们因串供而逍遥法外，就不能对社会实现公平正义！维护公平正义正是检察工作者的初心和使命，所以我们要查，要对案件一查到底，把事实查清，将罪责分明，让办案工作经得起时间的检验，用我们的付出回应人民群众对于司法高品质的需求。

如果说初心使命是检察工作者办好每一起案件的根本动能，那么担当精神就是敢于披荆斩棘、砥砺前行的基本保障。

从结果看，本案3名被告人都被法院判决有罪，但受案之初，当公安机关仅对朱某某提请逮捕的时候，谁又能一眼看到结局，识别出刘某某和刘某会是隐匿的犯罪分子呢？起初，公安机关的取证是围绕朱某某展开的，所以呈现在我们面前的证据也都指向了朱某某，而针对刘某某的证据较为缺失，针对刘某的证据更无从谈起。司法办案是看证据的。我们在行使逮捕决定权的时候，对朱某某无疑达到了证据确实充分的条件，但以当时的证据情况对刘某某是否予以追捕就存在一定的责任风险。此时，我们的决定关系到该案处理的走向。如果我们当时退缩而没有追捕刘某某，那么很可能会对该案后续的侦查取证工作带来消极的影响，甚至可能会就此放纵了刘某某和刘某的犯罪行为。最终，我们选择了担当。一者，本案是一起“套路贷”诈骗犯罪的央督线索，事关扫黑除恶专项斗争。我们必须将其作为重大政治任务加以推进和落实，切实提高政治站位，不断深化思想认识，对“套路贷”诈骗犯罪案件坚持深挖细查，强化打击力度。二者，针对刘某某作案的证据虽然不够齐备，但被害人的陈述、朱某某的供述及相关书证已经能够固定刘某某的基本犯罪事实，我们能够守住刘某某有罪的底线，就应该敢于担当，用好手中的检察权，保证该案侦查取证工作及后续的刑事诉讼活动能够顺利进行。

初心使命和担当精神是检察工作者能够办好每一起案件的内在品质，而面对百般抵赖的犯罪分子，若要让其无处遁形，唯一有力的武器就是证据。

刑事诉讼法规定，据以定罪量刑的事实都要有证据证明。这说明证据是定案的基础。我们司法机关的所有办案工作其实都是围绕证据展开的。以审判为中心的司法体制改革中一个很重要的环节也是证据。证据的强弱关系到案件事实的清晰程度，而收集、运用证据的能力就反映了案件办理的质量。证据收集、运用到位的案件必然事实清楚，根基牢固。在此基础之上的法律适用才能做到正确与准确。公安机关在侦查本案之初，之所以会出现取证方向的误判，固然有刘某某和刘某事先狡猾串供的因素，但最主要的因素还是在初步收集证据的过程中不够精细，导致证据基础产生偏差，在此基础上自然就会引发对案件本身的误判。事实上，被害人沈某某从向督导组写举报信，到向公安机关报案，都一直是指控刘某某和朱某某两人。这在公安机关对沈某某制作的询问笔录中也有所体现。但是，由于刘某某和刘某的串供，公安机关在对沈某某制作询问笔录时的询问方向有针对性地指向了朱某某，而忽略了关于刘某某的询问。说到底，其实本质上就是没有把案件经过的细节问清楚。如果当时问清楚了，那公安机关也就不会被刘某某和刘某的串供所蒙蔽。细节对于言词证据而言至关重要。言词证据之间的细节得以印证得越多，就说明这些言词证据的真实性越高。言词证据确实可能会出现谎言，但谎言终究是编撰出来的虚假内容，必然会在一个个细节的追问之下出现破绽。我们在审查本案言词证据的过程中之所以能够取得突破，最终将拒不认罪的刘某某和刘某绳之以法，就是在细节上从被害人沈某某和被告人朱某某处获得了很多原本并不掌握的信息，并据此进行了有针对性的取证，才夯实了证据基础，同时也是在细节上通过不断的追问让刘某语无伦次，难以自圆其说。从本案的办理不难看出，证据就是我们检察工作者在刑事诉讼活动中最有力的武器，而能否用好这一武器直接决定了案件质量的好坏。要办人民满意的案件，就要不断提升运用证据武器的能力，这需要积年累月的办案经验慢慢沉淀。

证据是诉讼之王，再狡猾的罪犯也逃不过铁证如山；担当是检察之魂，再复杂的案件也困不住迎难而上。初心是我们一切工作的根，正是一颗初心让我们有担当的勇气，让我们有钻研证据的动力。身为检察工作者，要始终不忘初心，牢记使命，秉持担当之心，修炼证据之术，以检徽之光荣匡扶社会之正义！

承办检察官：柳文彬
案例撰写人：沈兢儒

规模性租赁专项治理案

——公益诉讼联合行政检察，破解基层治理难题

◆ 关键词

规模性租赁、公共安全、行政检察、公益诉讼检察、社会治理

◆ 要旨

规模性租赁，是复合型违法与综合性执法交织的社会治理难题，检察机关发挥公益诉讼联合行政检察"1+1 > 2"的组合拳效用，将基层社会治理难题纳入法律框架内化解，为探索超大型城市基层社会治理、助推国家治理体系和治理能力现代化提供了新路径。

◆ 基本案情

规模性租赁系指由闲置商业、办公场所、旧厂房、仓库等非居住存量房屋改建和转化的租赁住房。根据国家法

律法规及上海市地方性法规、规范性文件规定，区域范围内的非居住存量房屋改建和转化租赁住房，需由实施单位向区住房租赁办（设在区房管部门）提出申请，并经各管理部门对项目的房屋结构安全、消防安全、治安安全等情况进行联合验收且取得项目认定和验收文件后，才能对外出租。同时，住房租赁企业办理登记注册时，相应经营范围统一申请为“住房租赁经营”，并应分别到登记注册所在地、房源经营所在地的区房管部门办理信息记载手续。

上海市虹口区人民检察院（以下简称虹口区检察院）根据区委区政府的统一部署，在疫情防控的特殊时期参与区域规模性租赁专项治理工作。经排摸，虹口区内未经审核报批、未纳入监管的规模性租赁项目共有85处，房屋5717间，普遍存在多环节违法行为、牵涉多个行政机关，并具有多方面公共安全隐患和公共卫生隐患。尤其在疫情防控期间，上述项目不能严格落实防控要求，存在聚集性疫情防控风险。

◆ 检察机关履职过程

2020年2月，虹口区检察院对本区规模性租赁项目深入开展调查核实。查明本区规模性租赁项目普遍存在擅自改变房屋土地用途，无资质超范围经营，违章搭建，不符合消防、环保、卫生要求等违法行为，具有多方面公共安全隐患和公共卫生隐患，并存在聚集性疫情防控风险。

2020 年 3 月，虹口区检察院召开规模性租赁专项治理推进会，确定了依法对规模性租赁项目开展法律监督的基本方案，形成专题《调查情况报告》，报告被区委政法委作为依法治理的示范样本，下发给各行政机关参考。同时，对规模性租赁相关的法律法规进行全面梳理研判，制发《关于依法开展规模性租赁专项治理的检察法律意见书》，汇编《规模性租赁专项治理法律法规及规范性文件汇总（行政版）》《上海城市房地产管理相关法律法规汇编（企业版）》，向各行政机关、国有企业提供法律指引。

2020 年 3 月至 9 月，虹口区检察院向相关行政机关制发行政公益诉讼《检察建议书》3 份，以行政公益诉讼诉前磋商方式办案 2 件，督促相关部门依法查处相关违法违规行为、协调推进整治、尽快消除公共安全隐患，并做好租户清退与租赁矛盾化解、强化非居住存量房屋改建和转化租赁住房项目的日常监管、有序规范住房租赁市场环境工作。同时，向相关国有企业制发社会治理《检察建议书》4份，督促产权人和实际经营者履行房屋管理的主体责任和防疫第一责任，严格按照土地与房屋用途使用和经营管理，积极配合行政管理部门的行政执法和相应整治活动，妥善有序安置现有租赁住户。

相关行政机关和国有企业收到《检察建议书》后，均积极反馈，并认真采纳建议内容。在行政机关全面履职、国有企业积极整改和多方协同努力下，顺利推进治理工作，并取得一定实效，如位于西宝兴路、中山北路的规模性租赁场所已彻底清空搬离，清空出租房间近600间，清退租住人员1000余人，后续安置妥善、有序开展，场院楼道等区域内垃圾堆物已及时清理，项目土地与房屋也由产权人重新接手管理。其他规模性租赁场所的公共安全和公共卫生情况也得到有效缓解，目前正在有序开展租户劝导、搬离工作和治安、环境卫生、疫情防控管理工作。

◆ 典型意义

规模性租赁是超大型城市飞速发展过程中的特殊产物，对社会治安、城市安全、疫情防控都带来了极大风险，严重阻碍了超大型城市的精细化管理进程。本案中，虹口区检察院立足法律监督的职责定位，加强深层次法律问题研究，充分发挥公益诉讼检察与行政检察在基层社会治理中的法治效能，为破解基层治理难题、助推国家治理体系和治理能力现代化积极贡献检察方案。

一、紧扣法律监督职责，做实做细，贯穿精准思维

规模性租赁综合整治专业性较强、涉及面广、整改难度大，需紧扣法律监督的职责定位，立足主业，做实做细调查核实与法律研判工作，吃透案情、找准问题、精准发力，以确保后续制发检察建议时掷地有声、条条切中症结要害。

一是厘清权责，深入调查核实。针对规模性租赁项目存在层层转租、产权不明、牵涉多环节违法行为的实际情况，有条不紊、循序渐进地开展调查核实。先至市场监管部门、规划管理部门、不动产登记机构调取相应的产权信息、企业工商登记、土地规划等材料，厘清房屋产权归属和经营主体。后至消防救援支队、城市管理执法局、属地街道调取相应的消防检查、综合执法、疫情防控材料，掌握租赁项目出租、运营、管理各环节存在的违法违规问题和安全隐患。再至现场实地走访核实，调查询问项目的设立管理、层层转租、实际经营等情况，全面梳理产权人的主体责任。通过深入开展调查核实，进一步厘清房屋产权归属、经营主体、主体责任，形成了翔实的办案资料和工作经验。

二是明确依据，强化法律研判。规模性租赁综合治理牵涉房屋管理、规划管理、城管执法、建设管理、市场监管、公安、消防、生态环境等诸多行政机关及属地街道。针对法律法规纷繁复杂、行政机关职责依据不明的情况，围绕日常管理、疫情防控、违法违规经营、房屋安全和管理、消防、治安、公共环境卫生等方面，逐条梳理出租人主体责任、违法违规情形、存在的安全隐患及相对应的行政监管执法依据。在全面梳理研判、汇总相关法律法规和规范性文件的基础上：一方面，有针对性地提出检察意见，探索制发《关于依法开展规模性租赁专项治理的检察法律意见书》，为行政执法监管提供有效法律依据和决策参考；另一方面，精准对接行政机关和企业的不同司法需求，汇编成《规模性租赁专项治理法律法规及规范性文件汇总（行政版）》和《上海城市房地产管理相关法律法规汇编（企业版）》，为后续整治工作提供检察支撑。

二、发挥行政公益优势，督促履职，促进依法行政

公益诉讼检察在新时代全面依法治国的背景下应运而生，成为法治轨道上助推国家治理体系和治理能力现代化的重要举措，以及检察机关参与法治建设、助力社会治理的有力抓手。而行政公益诉讼在基层社会治理中能够实现司法权与行政权的良性互动，将社会治理中的矛盾冲突纳入法律框架内化解，提高法治化水平。

一是主动监督，推进协同执法。规模性租赁是由多个违法行为交叉重叠、多个行政机关职责权限交织聚集而成的综合性治理难题。如房屋管理部门作为住房租赁的行政监管部门，负责组织协调非居住存量房屋改建和转化租赁住房的相关工作，属地街道则负责督促产权人、实际经营者遵循法定报批程序、合法合规租赁经营，并及时向相关执法部门通报违法违规行为。但在对具体违法违规行为进行查处整治时，又有赖于城管、消防等行政执法部门的配合与支持。检察机关发挥监督的主动性，强化对行政执法的外部监督，以违法违规租赁经营存在严重公共安全隐患为切入点，向相关行政机关制发行政公益诉讼检察建议，督促相关部门协同推进治理、及时反馈整改情况，有效促成相关部门协作配合、联合治理，有力确保了综合治理工作的协同性和时效性。

二是凝聚合力，实现双赢、多赢、共赢。规模性租赁牵涉多环节违法行为和多个行政机关，是党政关心、群众关切、社会关注的“老大难”问题。此次专项治理中，检察机关坚持诉前实现公益保护目的作为最佳状态，站在共同推进法治建设的高度，主动走访行政机关，多次参加行政机关推进规模性租赁专项整治的相关会议，积极沟通协调、凝聚公益保护合力，形成了执法、司法良性互动格局。尤其在疫情防控的关键时期，紧抓疫情防控应急环节，充分发挥行政公益诉讼诉前程序优势，与被监督行政机关就权责范围、问题成因、解决途径等深入沟通交流，溯源追因、直面问题、共商对策，在最短的时间内，以最少的司法投入、最高效的办案方式，让公益保护和疫情防控更加快速高效，真正实现了双赢、多赢、共赢。

三、延伸行政检察职能，堵疏结合，参与社会治理

基层检察机关处于参与社会治理的第一线，而行政检察作为“四大检察”法律监督格局中的重要一环，在完善法律监督体系、运用检察建议督促有关部门改进工作、促进依法行政、完善社会治理方面具有独特优势。

一是靶向施策，有力推进整治。规模性租赁项目背后的产权人、实际经营者对整改活动的配合程度是行政机关依法治理能否取得实效的关键因素。检察机关延伸行政检察职能，严格按照上海市关于非居住存量房屋改建和转化租赁住房等相关法规均明确的“谁拥有、谁负责、谁出租、谁负责”原则，靶向施策，向国有企业产权人提出了具有合法性、针对性、可行性的检察建议。针对未经审批擅自变更房屋及土地使用性质的情形，建议其履行房屋管理的主体责任，合法合规使用房屋、土地，或按法定程序变更房屋、土地使用性质。针对实际经营者不具备住房租赁经营资格、未进行消防验收即投入使用、超标准住人且未落实疫情防控措施等违法情况严重，并具有严重公共安全隐患和聚集性疫情防控风险的情形，建议其督促实际经营者及时关停规模性租赁项目，妥善有序安置现有租赁住户。并由检察长带队走访国有企业，邀请相关行政机关至现场，公开宣告送达检察建议，进一步督促被建议单位积极配合整改，为行政监管执法活动减少阻力，营造良好执法氛围。

二是搭建平台，助力落实整改。多数规模性租赁项目背后均存在层层转租、管理混乱、产权人难以收回场地的实际情况，致使产权人在履行检察建议时遇到巨大阻力。检察机关在检察建议下发后，跟踪问效，帮助产权人想办法、搭平台、寻助力、抓落实。通过联合约谈相关产权人、实际经营者，通报相关违法违规情况、解读相关法律法规政策、听取相关单位意见，进一步了解企业内部关停并转的历史情况、企业发展过程中遗留问题的复杂成因、后续转变经营业态的发展规划、对区域规模性租赁整治的配合程度等情况。

同时，主动搭建沟通平台，组织产权人、实际经营者、人大代表、相关行政机关等召开听证会，就事实认定、法律适用和相关案件处理情况听取各方意见，并加强释法说理，解开产权人和实际经营者对法律适用的“法结”，对落实整改措施的“心结”，促进企业依法依规经营，帮助被建议单位接收、采纳、落实检察建议内容，有效落实整改。

◆ 相关规定

《中华人民共和国土地管理法》第四条

《中华人民共和国城市房地产管理法》第十八条

《中华人民共和国民法典》第三百五十条

《上海市住宅物业管理规定》第五十六条

《上海市拆除违法建筑若干规定》第十六条

《上海市闲置非居住房屋临时改建宿舍的规定（试行）》

《上海市房屋租赁条例》第八条

《上海市居住房屋租赁管理办法》第五条、第八条、第十条

◆ 办案札记

2020年年初，我们接到了区委区政府关于助力本区规模性租赁专项治理等重点工作。时间紧、任务重，但规模性租赁对于我们而言却十分陌生，也没有经验可以借鉴，如何发挥检察职能优势，助力规模性租赁治理，成为重大难题。我们在第一时间成立了由检察长亲自挂帅、行政检察与公益诉讼检察共同参与的办案组，迅速出击，开展行动。

经了解，规模性租赁其实并不陌生，可能就发生在我们居住的小区、办公的场所附近，在一些旧厂房、仓库、闲置商业场所等不具有居住性质的建筑内。这些建筑的外表可能毫不起眼，但内部却“别有洞天”。建筑内的房屋通常被分隔成几十间、上百间，像“豆腐块”似的小房间，房间内人员混居、垃圾成堆、电线乱搭、消防设施欠缺。并且，虹口区内像这样的规模性租赁项目多达85处，普遍存在公共安全隐患和公共卫生隐患。尤其在特殊时期，这些场所时刻潜伏着风险，堪比“定时炸弹”。

整治工作迫在眉睫，我们迅速召开专题推进会，推进治理工作。

一是坚持法治意识引领，有效支持行政执法。规模性租赁治理专业性强、涉及面广，各行政机关不仅需要厘清自身的监管职责，还要明确其他相关行政机关的职责权限，企业对于非居住存量房屋改建和转化租赁住房相关的政策要求并不了解。我们立足法律监督的专业优势，精准对接各行政机关和企业的司法需求，从物业管理、应急管理、房屋租赁等方面，全面梳理研判60多部法律法规文件，并制发法律意见书、汇总法律法规文件，从法治意识引领上提升检察服务能级，为行政机关依法行政、依法治理及产权人配合落实整改均提供了有效的法律指引和检察支撑。

二是坚持法律监督定位，及时依法督促履职。规模性租赁是综合性、系统性工程，行政机关在具体操作时，虽然相关的职责依据清楚、相应的整改方案也明确，但在与其他行政机关进行工作衔接和相互配合时欠缺协同性，致使履职效果不佳。基于此，我们向相关行政机关制发行政公益诉讼检察建议，督促各行政机关协作联动、全面履职，积极开展检查催告、约谈督改、化解租赁矛盾、依法查处、依法纳管等工作。通过统筹发挥各行政机关的职责权限、提高依法整治的协同性，切实消除了部分公共安全、公共卫生隐患，有序规范了住房租赁行为。

三是坚持解决问题导向，乘胜追击整治顽疾。整治工作正如火如荼进行时，却遇到了产权人推卸管理责任、实际经营者“假配合、真对抗”、租住人员拖延不肯搬离等阻力。为帮助行政机关依法履职减少阻力，我们实行“堵疏结合”、整治顽疾。针对违法情况严重、安全隐患突出、法律依据明确的情形，延伸行政检察职能向国有企业产权人制发社会治理类检察建议，督促其履行房屋管理的主体责任和防疫第一责任，为行政机关依法履职减少阻力，并积极与行政机关沟通协调推进依法整治取缔。针对违法情况不严重、愿意合法合规经营的，我们搭建沟通平台，组织人大代表、产权人、实际经营者、相关行政机关等召开听证会，帮助责任主体依法整改。

在多方协同努力下，整治工作取得成效。相关项目已彻底清空搬离，租住人员拿到了退回的钱款后，特意道谢，前往更安全、更安心的住所；产权人不仅收回了场地，还重新拥有了可期的未来发展；周边饱受深夜喧哗、乱扔垃圾困扰的居民也拍手称赞。我们的工作得到了市院领导、区委领导的多次批示肯定。最高人民检察院第七检察厅印发《上海市虹口区检察院疫情防控期间探索制发检察法律意见书的助推规模性租赁专项治理》典型案例下发全国检察机关参考借鉴。根据该案撰写的理论调研《创新行政检察模式，为规模性租赁治理贡献“检察方案”》还获评“长三角区域社会治理现代化法治保障创新实例”。

此次规模性租赁专项治理中，过程并非一帆风顺，不断出现新堵点，但我们敢啃硬骨头、敢直面业务难题，充分发挥公益诉讼检察联合行政检察“1+1 ＞ 2”的组合拳效用，顺利推进规模性租赁治理工作。

承办检察官：曾国东、崔晓丽
案例撰写人：申腾

优化营商环境

林某诈骗、挪用资金案

——跨省并案解刑民交叉难题，资产解封助民营企业脱困

◆ 关键词

诉讼重叠、并案处理、刑民交叉、保障民营经济

◆ 要旨

检察机关在办理刑事案件过程中，发现异地已立案相关联刑事、民事案件时，可以就刑事案件主动跨省并案，破解多地立案的诉讼重叠问题；对于刑民交叉的适用难点，要厘清刑事和民事案件事实，灵活适用先刑后民原则；对于因案件办理冻结资产导致民营企业生存困难的情况，要在准确认定犯罪事实的基础上，及时解除冻结，帮助企业渡过难关，真正实现办案的法律效果和社会效果。

◆ 基本案情

被告人林某原系上海某甲报关有限公司（以下简称某甲公司）的出纳兼人事。2014年至2018年，林某利用其担任出纳、管理该公司账户的职务便利，多次将公司钱款打入个人账户，归其使用。截至案发时，林某挪用公司资金人民币280余万元（以下币种均为人民币）未归还。

2017年2月至3月，为归还挪用的资金，林某向被害人宋某某虚构可低价购买劳斯莱斯魅影汽车的事实，骗取购车款100万元，后又虚构投资某甲公司报关垫资业务等事实，骗取宋某某投资款400万元，骗得钱款部分用于填补其挪用资金造成的亏空，部分于案发前归还，截至案发，尚有290余万元未归还。

2018年5月，宋某某的丈夫秦某某为追回被骗钱款，要求林某向其出具由某甲公司作为担保人的借款合同，林某为继续拖延还款，利用其管理的公司公章在借款合同的担保人处敲章。2019年，因林某无力还款，秦某某以上述借款合同向河北省霸州市人民法院起诉林某归还欠款400万元，某甲公司承担连带担保责任，并申请财产保全，法院依申请冻结了某甲公司账户内的400万元。

◆ 检察机关履职过程

2019 年 1 月 22 日，某甲公司负责人因林某涉嫌挪用资金至上海市公安局虹口分局（以下简称虹口公安分局）经侦支队报案，该局经初查发现，林某因涉嫌诈骗被沈阳市公安机关存疑不捕后取保候审，遂赴沈阳将其带回，并于同年 3 月 19 日对其刑事拘留。4 月 18 日，虹口公安分局对林某以涉嫌挪用资金罪提请上海市虹口区人民检察院（以下简称虹口区检察院）批准逮捕，虹口区检察院于 4 月 25 日对林某批准逮捕。承办检察官在审查中发现，林某还另涉嫌诈骗事实，遂要求虹口公安分局与沈阳市公安机关协商并案处理。

2019 年 6 月 21 日，虹口公安分局以林某挪用资金罪移送虹口区检察院审查起诉，但未移送诈骗事实。承办检察官多次联系沈阳当地公安、检察人员，就案件管辖、诈骗事实、证据及不捕理由等情况进行沟通协商，达成一致后，于 7 月 25 日将本案退回虹口公安分局补充侦查，公安机关并案后于 8 月 14 日再次移送审查起诉。

审查起诉期间，林某对于诈骗的故意始终拒不供认，并提出多种辩解，为证明其非法占有的主观故意，承办检察官将两个案件的证据进行串并梳理。一方面，通过对资金流水的核查，发现林某每次骗取宋某某钱款的时间与某甲公司结清应付账款的时间、金额均高度一致；另一方面，通过比较林某在两个案件中的辩解，发现林某让宋某某投资的报关垫资业务，正是其从某甲公司挪出资金的业务，该项目只是其挪用资金的作案手段，本身根本无法盈利。综合全案证据，承办检察官查明了林某“骗新补漏”的作案模式，根据上述客观行为推定其具有非法占有宋某某钱款的故意。

关于与秦某某的借款纠纷诉讼，林某辩解称不存在借款事实，所谓借款合同是秦某某为了要回宋某某的钱款让林某按照流水倒签的，合同上保证人处的公章是其利用职务便利私自加盖的，某甲公司对此并不知情。就此辩解，承办检察官与宋某某、秦某某进行复证，两人坚持称与林某之间系借款纠纷，但对借款的经过却无法提供细节，而宋某某第一时间报案的笔录、转账流水，与林某的辩解高度吻合。后承办检察官经多次与宋某某诉讼代理人沟通，了解到秦某某、宋某某之所以变证是因为两人明确知道林某已无还款能力，刑事案件追赃挽损可能性太低，所以希望通过民事途径，从保证人某甲公司处拿回被骗钱款。综合上述情况，承办检察官采信林某辩解，认定其与秦某某的400万元借款与骗取宋某某的400万元投资款是同一钱款的事实，在认定事实中不予重复评价。

2019年9月29日，虹口区检察院以林某犯诈骗罪、挪用资金罪向上海市虹口区人民法院（以下简称虹口区法院）提起公诉。2019年12月29日，虹口区法院对起诉书指控的全部事实予以认定，以挪用资金罪判处林某有期徒刑4年6个月；以诈骗罪判处林某有期徒刑12年，并处罚金人民币20万元，决定执行有期徒刑16年，并处罚金人民币20万元。判决后，林某未上诉。

◆ 典型意义

一、主动协商并案，破解多地立案的诉讼重叠问题

本案是一起典型的跨地域、多事实案件，当事各方在三地进行刑事、民事诉讼，两地公安机关立案侦查，存在各个诉讼重叠交织的情况。异地司法机关因未能发现与诈骗案件相关的挪用资金事实，致使案件存疑、陷

入僵局。虹口区检察院承办检察官没有受限于公安机关移送审查的事实就案办案，而是根据案件具体情况将两节事实并案处理。

一是并案处理解决诉讼重叠问题。一个人不可能同时存在羁押与非羁押两种互相排斥的强制措施，被取保候审的犯罪嫌疑人在异地又被羁押，会造成取保候审案件因犯罪嫌疑人不到案而无法处理的情况。虹口公安分局是在得知林某已被沈阳公安机关取保候审后，才将其带回上海执行刑事拘留，是典型的诉讼重叠。承办检察官在审查时发现了这一问题，主动和沈阳当地公安、检察机关、法院联系，询问诉讼进程、了解案情，在与对方协商后，通过并案处理的方式解决了该问题。

二是并案处理有助于查明案件全部事实。对于具有牵连关系的两节事实，独立审查任何一节都无法反映案件全貌，反而容易造成反复退查、徒增案件比，甚至导致存疑不捕、不诉的结果。本案中，沈阳检察机关之所以对林某作出存疑不捕的决定，是因为调取的银行流水显示钱款转入某甲公司，无法排除林某为宋某某投资某甲公司报关业务的辩解。但是，虹口区检察院承办检察官在将两个案件的证据交叉比对后发现，垫资业务根本无法盈利，所谓宋某某的投资款打入某甲公司，仅是林某为了填补挪用造成的亏空。并案后的审查有效排除了辩解，准确地还原了案件事实，打破了僵局，使得原本存疑不捕的案件成功起诉。

二、厘清刑民事实，破解刑民交叉案件的法律适用问题

本案也是一起典型的刑民交叉案件，诈骗案件被害人在刑事案件存疑不捕的情况下，为了追回被骗钱款，转而提起民事诉讼，试图将更有赔付能力的某甲公司拉入诉讼从而转嫁损失。面对刑民交叉的难题，承办检察官在对诈骗案件准确定性的前提下，查明诈骗案件被害人的变证原因，厘清刑民事实。

一是灵活适用先刑后民原则，兼顾民事法律关系。《最高人民法院关于在审理经济纠纷案件中涉及经济犯罪嫌疑若干问题的规定》（法释〔1998〕7号）第十二条规定"人民法院已立案审理的经济纠纷案件，公安机关或检察机关认为有经济犯罪嫌疑，并说明理由附有关材料函告受理该案的人民法院的，有关人民法院应当认真审查。经过审查，认为确有经济犯罪嫌疑的，应当将案件移送公安机关或检察机关，并书面通知当事人，退还案件受理费”[1]，该规定明确了先刑后民原则。但在实践中，广泛存在对先刑后民原则理解的误区，即刑事案件承办检察官往往只关注刑事案件本身的事实，而忽视与之相关的民事法律关系。本案中，虹口区检察院承办检察官听取某甲公司意见后，发现因为诈骗，被害人申请诉讼保全，某甲公司被冻结了400万元，致使经营发生困难。如果只关注刑事部分，这400万元既不是被骗钱款，也不是被挪用的资金，并不属于刑事案件审查范围。经查，该保全涉及的借贷就是本案的诈骗事实，该借贷合同因涉嫌犯罪而不具有合同效力，因此诉请本身是没有民事法律基础的，但某甲公司却因为该民事诉讼而遭受了不必要的损失。刑事案件的承办检察官显然不能干预民事案件的办理，但准确、高效地办结刑事案件，却能破解刑民交叉难题，解决公司的燃眉之急。

二是阻断虚假证据，避免累诉发生。实践中，刑事案件的被害人为了追回损失，往往在刑事报案的情况下试图

① 2020年对该解释的修改未对本条予以修改。

同时提起民事诉讼，为了避免不立案，还会选择异地起诉，甚至为了立案故意将同一事实伪装成不同的法律关系。本案中，诈骗案件被害人为追回同一笔款项，在沈阳以投资诈骗报案，在河北又以借贷纠纷起诉，故意将同一事实混淆成两个案件。承办检察官在审查中发现了上述问题，积极和民事法官沟通，使案件及时中止审理，避免虚假证据进入法庭，为民事案件查明事实提供了基础。

三、注重办案效果，破解冻结资产影响企业生存的问题

本案也是一起涉民营企业案件，该类案件的办理往往面临刑民交叉、新类型经济、企业存续与案件侦破等难题，准确认定案件性质是落实打击破坏民营企业生产经营秩序与保障民营企业健康发展的关键。

一是准确认定事实，解封冻结资产保障企业生存。开庭前，林某对于诈骗400万元的事实一直不予供认，但在庭审中，公诉人通过对大量证据的举证质证、准确认定诈骗事实和金额，使林某认罪服法，对判决结果也未提出上诉。本案林某诈骗的犯罪事实被刑事判决确认后，根据《中华人民共和国刑法》第六十四条及其相关司法解释，依法追缴赃款，弥补被害人宋某某的损失。

对于某甲公司来说，持有效的刑事判决书在民事诉讼中依法抗辩、主张自己的权利，公司被冻结的400万元也得以解封。一家濒临倒闭的企业得到挽救，正义以看得见的方式得以实现。

二是以案释法，制发检察建议延伸办案效果。对于某甲公司企业财务管理上的疏漏，虹口区检察院通过制发《检察建议书》的方式，向企业提供专业的法律监督意见。案结事了，承办检察官收到了某甲公司送来的感谢信与锦旗，公司负责人在难掩激动地向检察官表达感谢的同时，也承诺会严格按照《检察建议书》的内容对公司管理模式进行整改，加强内部监督，以防止类似案件的发生。虹口区检察院将本案作为服务与保障民营经济的典型案例向社会发布，受到多家新闻媒体的专题报道，群众反响热烈，检察官以自己的专业与热诚肩负起对社会的责任与担当。

◆ 相关规定

《中华人民共和国刑法》第六十四条、第二百六十六条、第二百七十二条

《最高人民法院关于在审理经济纠纷案件中涉及经济犯罪嫌疑若干问题的规定》(法释〔1998〕7号)第十二条

◆ 办案札记

民营经济已经成为推动我国经济社会发展不可或缺的力量。就虹口区而言,截止到2018年年底,本区有民营企业近4万户,纳税额超过全区税收总额的53%。在虹口区检察院第三检察部办理的案件中,涉民营企业案件占很大比例。如何发挥检察职能,服务和保障民营经济健康发展,是对我们履职能力的考验。

本案是一起典型的涉民营企业案件,我们在依法听取被害单位意见时了解到,被害的报关公司因为本案,不仅被林某挪用了资金,还因宋某某的民事诉讼被冻结了400万元资产,林某个人的犯罪行为却要由毫不知情的公司来承担。对一个发展中的民营企业来说,没有了680余万元的流动资金,对其的打击是致命的。但是,如果只关注刑事部分的话,这400万元既不是被骗钱款,也不是被挪用的资金,所以,即便仅审查280万元挪用资金的事实,从案件质量上来说,也并没有错。但是我们并没有就案办案，考虑到民营企业所面临的困境，主动往前走了一步，积极与外省市司法机关取得联系，而正是多走的这一步，成为破解本案刑民难题的关键，一解公司的燃眉之急。

20余册的卷宗从外省市调来的时候，离审查起诉期限已经没几天了，一连加了几个夜班，终于在密密麻麻的银行流水中找到了蛛丝马迹：高度一致的打款时间告诉我们，所谓的投资款，就是林某填补挪用资金造成的亏空，而林某背着公司担保的借款正是其诈骗宋某某的钱款，借款合同因涉嫌刑事犯罪而无效。根据先刑后民原则，同一案件同时涉及经济纠纷和经济犯罪时，民事诉讼的进行以刑事诉讼为前提。于是，我们通过积极和民事法官沟通，及时中止民事案件审理，防止了虚假证据进入法庭，并为民事案件查明事实提供了基础。

在刑事案件成功判决后，某甲公司被法院冻结的400万元也终于得到解封，公司负责人送来了情真意切的感谢信与锦旗，字里行间流露出的真切让见者动容，“事情刚发生的时候，我甚至动了关门结业的念头，检察官，是你挽救了我们这家企业，令我们洗脱了不白之冤”。本案只是虹口区检察院第三检察部办理的众多涉民营企业案件的一个缩影，检察官不仅有办案责任，还有社会责任，用我们的专业和热诚办好每一个案件就是在服务与保障民营经济、积极为民营经济发展贡献我们的检察力量。

随着北外滩的大力发展，相信未来会有更多的民营企业需要我们来保驾护航，作为检察人员，我们将会继续履行好检察职责、彰显检察担当，守护虹口这片热土，与之共同发展、一起腾飞。

承办检察官：曹婧
案例撰写人：倪芳磊

陆某甲、陆某乙侵犯商业秘密案

——将游戏原代码作为商业秘密进行刑事保护

◆ 关键词

商业秘密、前员工、手机游戏、前端代码

◆ 要旨

公司前员工违反保密协议，离职后利用在职期间开发的手机游戏前端代码（占总代码量的70%）开发新手机游戏，后予以发行牟利的行为，应认定为侵犯商业秘密罪，违法所得按平台支付的分成计算。

◆ 基本案情

2018年9月起，被告人陆某甲成立上海A网络科技有限公司（以下简称A公司），后违反与原工作单位上海B信息科技有限公司（以下简称B公司）签订的保密协议，使用B公司研发的某游戏的前端代码，开发新游戏并上线运营。其间，被告人陆某乙明知上述前端代码为原工作单位B公司开发且签订过保密协议，仍帮助陆某甲在A公司的上述游戏中予以使用。经统计，A公司通过新游戏在各个平台的发行，违法所得为人民币140万余元。

2019年8月5日，被告人陆某甲、陆某乙被抓获到案，后如实交代了犯罪事实。

◆ 检察机关履职过程

2020年7月31日，上海市虹口区人民检察院（以下简称虹口区检察院）对陆某甲、陆某乙以侵犯商业秘密罪提起公诉。11月4日，被告人陆某甲、陆某乙侵犯商业秘密案获一审判决。上海市虹口区人民法院采纳了虹口区检察院指控的犯罪事实和量刑建议，对被告人陆某甲和陆某乙以侵犯商业秘密罪，分别判处有期徒刑1年9个月和1年3个月，并处罚金人民币140万元和2万元。

◆ 典型意义

一、侵犯商业秘密的违法所得应按照侵权者实际获得的收益计算

根据2020年《最高人民法院、最高人民检察院关于办理侵犯知识产权刑事案件具体应用法律若干问题的解释(三)》中的规定，因披露或者允许他人使用商业秘密而获得的财物或者其他财产性利益，应当认定为违法所得。本案中，侵权产品较为特殊，是一款手机游戏，不存在一般商品意义上的合理利润或销售利润。它的获益模式是通过平台发行游戏，然后与平台约定分成。对此，在违法所得的计算上存在两种观点，一是按照平台总收入来计算违法所得，理由是平台收入即侵权游戏的全部收入；二是按照平台支付的分成来计算违法所得，理由是该分成才是侵权者实际获得的收益。承办人认为，第二种观点更合适，因为从前述司法解释来看，以A公司发行游戏后实际获得的分成来计算，更符合以使用商业秘密而获得的财产性利益作为违法所得的规定，且从另一层面来看，以实际获得的收益计算，更能体现罪刑相适应的原则。

二、主要代码侵犯商业秘密，违法所得应当全额计算

在本案办理过程中，有观点认为，在部分代码侵权的情况下，应当对违法所得按比例进行分割，然后确定犯罪金额，而按比例分割可能有两种情形，一是按代码量比分割，二是按功能比分割。但承办人认为，本案应当全额认定，不进行分割。理由是：首先，从代码量比例来看，前端程序占70%以上，为游戏代码的主要组成部分，和著作权中70%的相似度一般可认定为实质相同一样，前端程序占70%的代码侵权，应当认定为主要代码，而主要代码侵权应当认定为整个游戏侵权；其次，从功能来看，前端程序主要为游戏玩法，体验度高，后端程序则主要为数据存储，而吸引客户主要靠前端程序，实现利润也主要靠前端程序，所以前端程序侵权可视作主要功能侵权，而主要功能侵权也应当认定为整个游戏侵权。综上，由于整个游戏认定为侵权有逻辑基础，因此违法所得应当全额计算。

三、构成密点的部分代码在侵权游戏中未运行，不影响密点的成立

在审查起诉期间，陆某乙表示，第二个密点虽然在

A 公司游戏代码中存在，但没有实际运行。据调查发现，该密点确实在侵权游戏内存在但未运行，而 A 公司给出的解释是：未删除是担心游戏修改后融合不良或出现问题。经询问，鉴定人员亦作肯定回复，而代码编写者陆某乙也承认不敢随意对之前的代码结构进行删除。承办人认为，密点 2 未实际运行，不影响认定其构成密点，也不影响认定整个前端程序侵犯 B 公司商业秘密，更不应当刨除该密点后再行计算违法所得比例，理由是：首先，鉴定的三个密点，包括未实际运行的密点 2，都是前端程序的关键部分，一旦删除可能引发游戏崩溃，使游戏投入使用产生阻碍；其次，密点 2 虽然未运行，但仍起到稳定游戏的作用，仍有其积极意义。综上，密点 2 的存在仍有商业价值，不应对此作剥离处理，也不应因此影响违法所得的计算。

四、被害单位的管理缺失，亦是本案发生的原因之一

在办案过程中，承办人发现，被害单位的管理疏漏，也是导致陆某甲、陆某乙轻易获得代码并予以使用的原因之一。主要有以下问题：

1. 保密教育不到位。陆某甲、陆某乙到案后承认使用公司开发的游戏代码，也承认与公司签订过保密协议，但并不明确知晓商业秘密的范围及措施情况。由此可见，公司对员工在商业秘密保护上的教育存在欠缺。

2. 保密措施不到位。公司除了与员工签订保密协议，在SVN服务器上为项目组成员设置账号及密码，以及员工离职后回收电脑以外，并未采取更有效的保护措施。而且SVN服务器上只保存上传记录，无下载记录。这也给案件办理中确认代码下载时间及代码版本等情况造成了阻碍。因此，公司对于代码作为商业秘密进行保护的措施还不够完整、严密。

3. 监督管理不到位。在开发游戏代码过程中，陆某乙等人可以自由下载相关代码，既无下载记录留存，也无下载介质限制，更无人员予以监管。监管的缺失也导致陆某甲、陆某乙等人肆无忌惮地下载、转移代码，造成了公司的巨大损失。综上，承办人针对发现的上述问题向被害单位制发了检察建议，并进行了公开宣告，被害单位表示建议中肯，积极接受并予以整改。

◆ 相关规定

《中华人民共和国刑法》第六十七条、第二百一十九条

《中华人民共和国刑事诉讼法》第一百七十六条

◆ 办案札记

在办理该案过程中，承办人还关注到了两个问题：一是本案与侵犯著作权罪的考量关系；二是如何预防此类犯罪再次发生。

关于侵犯商业秘密罪与侵犯著作权罪的选择，在本案审查过程中实际上并未出现，因为并无侵犯著作权的鉴定文书，而仅有侵犯商业秘密罪的鉴定文书，从证据角度来讲，侵犯著作权罪的证据尚不充分，因此，也无法进行选择。但是在实质审查过程中，承办人还是对此进行了调查，陆某乙明确称到新公司后基于原代码进行了修改，虽然框架都在，但实际代码可能有很大变动。而鉴定机构则提出，在鉴定密点的过程中，发现两家公司的代码相似度约70%，但并不愿意出具相关鉴定文书对此予以说明。一般来说，高于70%的相似度，才可以构成侵犯著作权罪中的复制。从打击犯罪的角度，侵犯

著作权罪比侵犯商业秘密罪的刑罚更重，因此在本案可能构成侵犯著作权罪的情况下，承办人要求公安机关对涉案代码是否侵犯著作权进行鉴定。但最终，公安机关因为种种原因仍未提供相应鉴定，因此，承办人就现有证据判断，本案尚不足以认定侵犯著作权罪。但这也给之后的办案提供了经验教训，类似案件的办理，应当在提前介入时就要求对可能涉及的著作权及商业秘密均进行鉴定，除非存在较为明显的证据倾向。

关于预防犯罪的再次发生，承办人针对发现的问题，作了如下检察建议：1. 提高员工保护商业秘密的意识。需重视对员工的保密教育，除在员工入职时签订保密协议、告知保密范围外，还应在员工在职期间，定期进行保密教育，重申保密义务及侵犯商业秘密的后果等。2. 健全商业秘密保密措施。除签订保密协议外，对 SVN 服务器的账号、密码应当严格设定知晓范围，无必要则不予提供，如有些策划人员无须接触代码，则不提供账号和密码；对通过 SVN 服务器上传、下载代码需做申请并登记，有条件的话，在系统内设置对下载行为进行记录的相关程序；对开发代码人员要求在公司电脑上予以操作，并限制使用其他介质转移代码。3. 完善商业秘密监管制度。结合公司对商业秘密的管理制度，针对员工在职期间使用商业秘密的日常情况，公司应定期派人检查下载申请及操作等相关记录。如发现有不规范或存在管理漏洞的情况，可及时进行整改，进一步加强商业秘密的监管，切实维护好公司无形资产的安全。当然，承办人还认为，为促进手机游戏行业的健康发展，对侵犯商业秘密的行为要“打早打小”。以本案为例，被告人除了人力资源的成本，基本上无资金投入就可以利用原公司的商业秘密获得140万余元的违法所得，致使B公司受损严重，且因被告人经济能力有限，截至判决生效，B公司亦未获得相应赔偿。因此，为了更有效地保护行业健康发展，应鼓励被侵权的公司尽早主张自己的权利，及时制止侵权行为，防止损失扩大。

承办检察官：施丹

案例撰写人：施丹

上海悦某电子有限公司、申某某虚开增值税专用发票案等系列案件

——贯彻宽严相济刑事政策，服务保障民营经济健康发展

◆ 关键词

认罪认罚、不起诉、行刑衔接、立案监督

◆ 要旨

在办理涉民营企业案件中，应当贯彻宽严相济的刑事司法政策，既要打击侵害民企犯罪，落实“少捕慎诉”的司法理念，又要对涉民企案件应立不立的突出问题开展立案监督。对被不起诉人（单位）需要给予行政处罚的，及时开展行刑衔接工作，移送有关主管机关处理。

◆ 基本案情

案例一：2017 年 11 月至 2018 年 1 月，被不起诉人申某某在经营上海悦某电子有限公司（以下简称悦某公

司）期间，在无真实货物交易的情况下，以支付开票费的方式，让上海朋某科技有限公司（以下简称朋某公司）虚开增值税专用发票5份，价税合计人民币414700元，涉及税额人民币60255.55元，均用于申报抵扣。

被不起诉人申某某于2020年4月13日在其住处被公安人员抓获，到案后如实供述了上述犯罪事实并补缴了全部税款。

案例二：2018年7月，被不起诉人范某担任上海正某管理咨询有限公司（以下简称正某公司）财务负责人期间，受被不起诉人洪某指使，为了帮助洪某将一笔人民币1987800元的款项通过购买发票的方式入账，遂在没有真实业务的情况下，通过中间人联系后以3万元的价格购买了重庆某某商务信息咨询有限公司（以下简称重庆某某公司）开具的20张增值税普通发票，价税合计人民币200万元。后洪某支付现金3万元给范某。

2019年9月3日，被不起诉人洪某、范某经公安机关电话通知后主动投案，如实交代上述犯罪事实并补缴了全部税款。

◆ 检察机关履职过程

申某某虚开增值税专用发票案由上海市公安局虹口分局于2020年4月13日立案侦查，并于同日将申某某抓获到案。同年7月1日，公安机关将该案移送审查起诉，上海市虹口区人民检察院（以下简称虹口区检察院）于同年8月6日对悦某公司和申某某作出不起诉决定。

洪某、范某虚开发票案由上海市公安局虹口分局于2019年8月29日立案侦查，洪某、范某于同年9月3日经公安机关电话通知后主动投案，并如实交代自己的犯罪事实。2020年8月10日，公安机关将该案移送审查起诉，虹口区检察院于同年9月3日对洪某和范某作出不起诉决定。

◆ 典型意义

民营经济作为社会主义市场经济的重要组成部分，在我国经济结构中有着不可或缺的地位和作用。

虹口区检察院认真履行检察职能，主动服务“六稳六保”工作，将平等保护民营企业作为服务社会大局的关键切入点，准确把握司法政策，为民营企业复工复产提供良好法治服务。切实保障民营企业和企业家的合法利益，以法治促进民营企业健康发展，让法治成为民营企业最大的“定心丸”。

一、注重保护企业经营，贯彻审慎处理态度

虹口区检察院高度重视维护民营企业正常的经营活动，落实让企业“活下来”“留得住”“经营好”的目标。对于认罪态度较好的民营企业积极适用认罪认罚从宽制度并精准提出量刑建议。对于犯罪情节轻微、影响不大的案件，依法作出不起诉决定。对于涉案民营企业家要慎用强制措施，防止“够罪即捕”“入罪即诉”，最大限度地降低司法办案对民营企业正常经营活动的影响。该两家民营企业是有实际经营和正常纳税的公司，有的为了降低成本、抵扣税款等骗税目的，有的为了虚增业绩、融资、贷款等非骗税目的，在没有真实交易的情况下，铤而走险让他人为自己虚开发票。这些企业对于上海经济增长、促进创新、扩大就业发挥着重要作用，如果一竿子打击，可能给市场经济秩序带来严重影响。考虑到其犯罪情节较轻，积极补缴税款，检察机关对其作出了不起诉决定。此外，虹口区检察院第三检察部针对此类案件制定了《办理涉民企虚开发票类案件不捕、不诉规范指引》，确定了相对不捕、不诉的适用范围、适用原则、适用标准和适用程序，逐步扩大相对不起诉在认罪认罚案件中的适用，鼓励和促进更多的民企犯罪嫌疑人认罪服法，从而有效化解社会矛盾，确保办案效果。

二、对发现的涉民营企业犯罪线索积极开展立案监督工作

虹口区检察院充分发挥检察官的作用，强化检察监督的对内协调性和对外统一性，加大对民营企业案件的监督力度，对发现的立案监督线索及时跟进，全方位、全流程监督，贯彻宽严相济的刑事司法政策。我们在办理上述两起案件时，通过查看卷宗发现上家开票公司海某公司和卿某公司等在某一时期无真实交易的情况下，大量、频繁开票给众多下家公司，经与税务机关核实发现税款均被抵扣，且经查实这些发票都是在没有真实业务的情况下虚开给下家公司的，从而引起承办人的怀疑，经过核实发现上家公司因虚开发票犯罪已经被外区检察院提起公诉，进一步坐实了承办人的怀疑。我们充分发挥检察机关的法律监督职能，纠正公安机关“不应立而立案”和“应立而不立案”的行为。就案例一，我们根据《最高人民检察院关于充分发挥检察职能服务保障“六稳”“六保”的意见》，着重纠正涉民企犯罪案件应立不立的突出问题，对杭某等8人8起涉嫌虚开增值税专用发票案开展立案监督，并向公安机关指明侦查方向。15天后，公安机关悉数将这8起案件移送审查起诉，考虑到涉案人员系民营企业家，我们对其适用认罪认罚从宽制度，以建议缓刑的方式提起公诉，后得到法院判决采纳。该案在行使法律监督职能的同时，降低了对民企运营的影响。

三、对依法不起诉的涉民营经济线索开展行刑衔接工作

根据《最高人民检察院关于充分发挥检察职能服务保障“六稳”“六保”的意见》，对于有实际生产经营活动的企业为虚增业绩、融资、贷款等非骗税目的且没有造成税款损失的虚开增值税专用发票行为，不以虚开增值税专用发票罪定性处理，依法作出不起诉决定的，移送税务机关给予行政处罚。结合《中华人民共和国刑事诉讼法》第一百七十七条第三款的规定，对被不起诉人需要给予行政处罚、处分或者需要没收其违法所得的，应当提出检察意见，移送有关主管机关处理。因此，上述案件在作出不起诉决定后，第三检察部第一时间将涉行政违法线索移送第五检察部，由其给税务机关制发《检察建议书》，后虹口区税务局对该公司处罚款人民币5万元。该案以部门联动的方式，通过行刑回转实现行政处罚与刑事司法衔接的闭环，真正做到打击与保护并重。

◆ 相关规定

《中华人民共和国刑法》第三十七条、第二百零五条、第二百零五条之一

《中华人民共和国刑事诉讼法》第十五条、第一百七十三条、第一百七十四条、第一百七十七条

《最高人民检察院关于充分发挥检察职能服务保障"六稳""六保"的意见》

◆ 办案札记

环境似水，企业如鱼。民营经济的健康发展离不开有力的法治保障。检察机关发挥检察职能，保障民营企业发展是服务我国经济高质量发展的重要条件。在办理民营企业涉税案件中，如何将宽严相济的刑事政策贯彻到具体案件办理当中成了重中之重。

从悦某公司等涉嫌虚开增值税发票系列案件来看，两案中涉及的悦某公司、正某公司都是具有实际经营和正常纳税的公司，然而由于企业实际经营发生困难，企业的资金链发生断裂，而对于处在发展萌芽阶段的民营企业来说，这样的断裂会对其造成毁灭性的打击。被不起诉人申某某等人在没有真实业务的情况下，让他人为自己虚开增值税专用发票的行为从客观上而言，确实违反刑法的相关规定，应当受到法律的惩罚。然而，从两家企业的犯罪目的来看，本身是出于维护公司的生产经营，一家企业的存亡往往关系到旗下几十名员工的生计问题。与此同时，诸如此类的民营企业对于上海经济增长发挥着不可替代的重要作用。逮捕和起诉的标准是法定的，但检察机关在依法作出逮捕、起诉决定前，要综合考虑到该决定对犯罪嫌疑人和企业的影响。承办人结合诸多因素，综合被不起诉人的犯罪主观目的和证据情况，考虑到其已经弥补国家税款损失，因此通过释法说理促使涉民营企业案件犯罪嫌疑人主动认罪认罚，并依法行使不起诉裁量权，对其作出了不起诉决定，从而实现少用慎用羁押措施、简化诉讼程序、加快办案进程的目标，尽可能减少办案工作对企业生产经营活动的影响。另外，部门内也根据此类案件的特点进行了标准的统一，制定了《办理涉民企虚开发票类案件不捕、不诉规范指引》，贯彻宽严相济的刑事司法政策，展现了现代司法的宽容精神和司法温度。

但是，民营企业也不是法外之地，不是所有案件都要从宽。在办理上述两起案件时，承办人通过案件办理中发现的犯罪线索，进行了积极的跟进，及时开展立案监督工作，让应当受到刑事追究的民营企业承担刑事责任。近年来，最高人民检察院先后制定实施了“依法保障和促进非公有制经济健康发展”“加强产权司法保护”“营造保护企业家合法权益的法治环境支持企业家创新创业”等意见和举措。2018年，最高人民检察院在这些文件的基础上，又梳理了办理涉民营企业案件的11条意见，统一规范涉民营企业案件的司法标准。2020年7月最高人民检察院出台了《关于充分发挥检察职能服务保障“六稳”“六保”的意见》。全面贯彻落实服务保障民营经济健康发展是近几年来最为重要的司法政策之一，坚持“在办案中监督，在监督中办案”的理念，及时监督立案，护航民营经济健康发展，能够为优化营商环境提供有力的法治保障。法律监督是宪法赋予检察机关的神圣职责，随着中国特色社会主义法律体系的逐步建立，人民群众对于法治最直接、最多的期待直接体现在法律的有效实施及其社会效果上。因此，检察机关作为专门的法律监督机关，保障法律严格落实、实施，进一步让人民群众在每一个案件中都感受到公平正义，是实现司法为民原则的重要途径。

此外，市场监管领域的违法行为，与刑事犯罪往往是一线之隔。因此，加强民营企业领域行政执法与刑事司法之间的衔接是重要一环。“就案办案”，不考虑经济效果和社会效果的办案观念，在营商环境优化和保护民营企业政策大背景下，已经跟不上时代的浪潮发展，要做到真正全心全意为人民服务，检察机关的办案观念也应当随着政策大背景与时俱进。近年来，由于民营企业家法治观念不强，加之经济纠纷与经济犯罪之间区分不清，民营企业家很容易触犯法律，面临刑事风险。对于情节轻微、认罪认罚、真诚悔过的，在法律允许的范围内我们对其作出不起诉决定，体现了对民营企业的教育和挽救。同时，我们也及时开展行刑回转工作，对不追究刑事责任的民营企业，通过行政处罚的方式加以惩处。

检察机关在推进国家治理体系和治理能力现代化中肩负特殊职责，也是优化营商环境、服务企业发展的重要力量。落实平等保护对我们的能力水平提出了越来越高的要求，我们必须通过不断提升司法办案能力、检察履职能力，把对民营企业的依法平等保护体现在每一个案件中。

承办检察官：沈忆佳
案例撰写人：沈忆佳

卢某等人诈骗、虚假诉讼案

——无被害人报案的诈骗行为定罪研究

◆ 关键词

沪牌车牌额度、虚假诉讼、诈骗

◆ 要旨

在被害单位不知情的情况下，利用虚假诉讼手段非法获得其名下车牌额度拍卖款的行为，构成诈骗罪。

◆ 基本案情

2015年至2019年，被告人卢某伙同他人伪造车辆买卖协议、法人委托书等材料，捏造事实向法院提起民事诉讼，并指使或雇用被告人卢某某、万某某、张某、杨某等人作为原告、原告代理人或被告代理人参与诉讼，欲获得上海某电讯设备有限公司等200余家公司的289个客车额度的拍卖款。截至案发，209个客车额度已被拍卖，价值共计人民币 29803441.00 元（以下币种均为人民币）。

其中，被告人卢某伙同他人以非法占有为目的，通过前述虚假诉讼手段骗得客车额度共计 139 个，价值共计 20147951.00 元。被告人杨某参与了 186 个客车额度的虚假诉讼，其中，128 个客车额度被拍卖，价值共计 16955188.00 元；被告人卢某某参与了 169 个客车额度的虚假诉讼，其中，110 个客车额度被拍卖，价值共计 14789608.00 元；被告人万某某参与了 44 个客车额度的虚假诉讼，其中，39 个客车额度被拍卖，价值共计 5848311.00 元；被告人张某参与了 23 个客车额度的虚假诉讼，客车额度均被拍卖，价值共计 3586178.00 元。

◆ 检察机关履职过程

该案由公安机关于 2019 年 12 月 11 日向上海市虹口区人民检察院（以下简称虹口区检察院）移送起诉。虹口区检察院受理后，于 2020 年 1 月 22 日、4 月 3 日二次退回补充侦查，于 2020 年 1 月 11 日、3 月 21 日、6 月 1 日三次延长审查起诉期限，后于 2020 年 6 月 12 日提起公诉。2020年9月11日，上海市虹口区人民法院经审理，对被告人卢某犯诈骗罪判处有期徒刑14年，并处罚金200万元；犯虚假诉讼罪，判处有期徒刑5年，并处罚金50万元，决定执行有期徒刑17年，并处罚金人民币250万元。被告人杨某犯虚假诉讼罪，判处有期徒刑4年，并处罚金人民币40万元。被告人卢某某犯虚假诉讼罪，判处有期徒刑2年6个月，缓刑2年6个月，并处罚金人民币25万元。被告人万某某犯虚假诉讼罪，判处有期徒刑2年，并处罚金人民币20万元；连同前罪（故意伤害）判处的有期徒刑3年，决定执行有期徒刑4年，并处罚金人民币20万元。被告人张某犯虚假诉讼罪，判处有期徒刑1年8个月，缓刑1年8个月，并处罚金人民币20万元。判决后，卢某上诉。上海市第二中级人民法院维持原判。

◆ 典型意义

本案是全市首个以虚假诉讼为手段骗取车牌拍卖款的系列案件之一，主要有以下特点：一是犯罪类型罕见。犯罪嫌疑人采用虚假诉讼手段实施诈骗，涉嫌犯罪人员众多（含律师等特殊人员），涉及部门众多（法院、交通委、车管所、商务委等），涉案车牌为257个，被害单位达200多家。二是取证难度较大。由于诈骗案件认定需要被害人报案，而本案中被害单位多为吊销或注销的企业，部分法人去世、部分法人为外籍人士，推进难度较大。在案件办理期间，为引导取证、厘清案情并关注侦查监督工作，主要有以下做法。

1. 提前介入，引导侦查取证，解决缺少被害人笔录的难题。在公安机关立案之初，承办人就提前介入，及时了解案情，指导侦查方向，基于诈骗罪的一般办理要求，建议公安机关尽量寻找被害人，并对被害人笔录的制作提供详细指导，即要求公安机关询问被害人时，明确有无交易、有无诉讼、有无处理车辆或车牌的情形。后期，考虑到认定诈骗罪可能存在障碍，积极与公安机关探讨、沟通，并通过赴上海市交通委员会调研，电询上海市车辆管理所等部门，了解涉案车辆车牌的拍卖流程，并结合卷宗的审查，发现犯罪嫌疑人存在伪造报废汽车回收证明这一事实，要求公安机关调取涉案车辆的报废记录，查明虚假报废的情况。这一调证目的的逻辑是，如无真实报废，即可推定无真实车辆存在，而无真实车辆存在，则不可能存在真实的买卖关系，也即无真实交易基础，那么所谓的基于交易关系提起的诉讼，就可直接认定存在虚假事实。最终，公安机关调查到本案中 100 余辆车无真实报废记录，为案件中认定诈骗的事实提供了关键证据。

2. 厘清案情，准确案件定性，解决罪名区别认定的难题。由于本案中犯罪嫌疑人指使亲朋好友或者雇用律师参与虚假诉讼，获取车牌拍卖款，因此，涉案人员众多，身份不同，主观明知方面亦存在区别。也因此，在对全案或对涉案人员区别定性时存在以下问题：是否全部认定为诈骗罪，认定诈骗罪的依据是否为虚假报废或被害人报案笔录，参与诉讼的同案犯的主观明知是否已达到诈骗程度还是仅认定为虚假诉讼的共犯，等等。在审查过程中，承办人通过现场或电话询问交通委、车管所等相关人员，了解正常车牌处理流程及变迁背景；通过仔细核查卷宗，发现主犯卢某有伪造报废证明、伪造档案机读材料等情况；通过讯问全部犯罪嫌疑人，固定了卢某未与任何被害单位存在直接交易关系的事实，其他人员不接触交易环节，主要参与的是诉讼环节。最终，考虑到不同犯罪嫌疑人主观故意确实存在不同的情况，确定了主犯卢某诈骗罪、虚假诉讼罪数罪并罚，其余从犯均以虚假诉讼罪定罪处罚的思路。最终法院也全部支持了上述定罪思路。

3. 严格监督，制发检察建议，解决调取证据材料不注明来源的问题。该案卷宗达 80 余册，证据材料来自多个部门，部分材料未注明来源。承办人认为，因该系列案件中存在多个犯罪环节，不同环节犯罪嫌疑人提供的材料可能存在不一致或伪造的情形，所以注明来源可以帮助对比材料真伪，更易发现犯罪嫌疑人使用的欺骗手段。而未注明出处或签名，将导致涉案细节无法厘清，如伪造的工商查档资料和真实的工商查档资料之间未予注明来源，导致无法判断真伪等。因此，向上海市公安局边防和港航公安分局制发类案检察建议。上海市公安局边防和港航公安分局及时答复并表示在今后办案中予以改进。

4. 发现线索，及时移送报送，解决办理一案治理一片的问题。针对案件中发现的虚假诉讼情况，承办人及时移送线索给本院第五检察部，后第五检察部制发了多份检察建议，目前，各区法院正紧锣密鼓地开展再审工作。同时，针对案件中发现的相关部门的管理问题，承办人配合本院办公室撰写检情要报，获得上海市副市长的批示；针对案件中发现的法官、律师等人员的问题，及时上报上海市人民检察院，并向异地检察机关移送犯罪线索。

◆ 相关规定

《中华人民共和国刑法》第二百六十六条、第三百零七条之一

《中华人民共和国刑事诉讼法》第一百七十六条

◆ 办案札记

在办理该案的过程中，承办人遇到了不少难题，如案件卷宗达 80 多册，证据核对耗费精力大，同案犯达十余人，主犯拒不认罪，合谋过程、主观故意较难推定等。而其中最主要的一个是关于定性的难题：没有被害单位陈述的事实，该认定诈骗还是虚假诉讼？

由于这些企业大部分处于关停状态，公安机关寻找

被害人的过程异常艰难，对很多车牌都找不到被害人。从证据标准来看，没有被害单位的陈述，就相当于没有被害人报案，而没有被害人报案，又哪里来的被诈骗事实？常规的诈骗案件一般都是由被害人报案而案发，同时是根据被害人报案的内容结合其他证据，再认定犯罪事实的。而且由于诈骗案件大部分发生在两人之间，而犯罪嫌疑人到案后多有辩解，认定诈骗犯罪事实时，不仅需要在客观事实认定时更严格地审查证据，而且还需通过言词证据、书证材料、外围背景等方面的内容，来推定主观故意。而本案中，在没有被害人报案的情况下，认定诈骗事实确实难度很大。

但是，从犯罪手法来看，一样是通过伪造材料、虚假诉讼的手段获得拍卖款，只是因为无法找到被害单位制作笔录就认定虚假诉讼，那么那些被害单位的权利又该由谁来保护呢？尤其是这些被害单位大部分是被吊销、注销的企业，一方面可能存在对本身权益被侵害不知情的情形，另一方面也可能存在相应企业负责人已离世或不在境内等客观无法报案的情形。如果仅仅因为他们没有报案而对其权利受损的事实视而不见，那更不符合检察机关保护营商环境，保护公私财产不受侵犯的重要职责要求。

于是，经过研究、讨论，承办人认为最根本的原则也是最有效的，那就是“排除合理性怀疑”原则，通过其他证据锁定事实，而非仅依赖被害人笔录。也就是说，在没有被害人报案的情况下，如果卢某买来的车辆，没有排除合理性怀疑，即仍存在被害单位曾经连车带牌卖出的可能性，那么就不能认定其有非法占有故意；相反，如果已排除合理性怀疑，即不存在被害单位连车带牌卖出的可能性，那么卢某采用虚假诉讼手段获得车牌拍卖款的行为，当然就构成了诈骗罪。最终，根据上述原则，承办人在209节既遂事实中认定了139节系诈骗，共计2000万余元，其余认定为虚假诉讼罪。法院经审理后，也对卢某犯两罪进行了数罪并罚的处罚。最后，承办人想说，检察机关保护营商环境不仅仅体现在对涉企犯罪嫌疑人的不捕不诉等从宽处理上，在保护被害企业实质权益方面，无论他们知不知情，我们都会不遗余力、全力以赴！

承办检察官：施丹

案例撰写人：施丹

探索特色工作

聚焦特殊群体司法保护，让“检察蓝”护佑“夕阳红”

——推动完善涉老案件办理机制

◆ 关键词

老年人、司法保护、五大制度

◆ 工作情况

虹口区是上海乃至全国老龄化程度较高的区域。截至2020年年底，虹口区人口老龄化的比例已高达42.45%，且涉老案件数量不断增多。为积极主动应对老年人犯罪和老年人权益屡受侵害等日益凸显的社会问题，上海市虹口区人民检察院（以下简称虹口区检察院）于2019年10月10日成立了全市首家老年人案件办理中心。中心成立岁余，始终贯彻宽严相济的刑事政策，积极探索适合老年人身心特点的办案机制和举措，努力打造涉老刑事检察特色品牌。

◆ 工作机制

老年人案件办理中心深入贯彻特殊司法保护“一条主线”，坚持宽严相济与分类保护相结合、及时有效与人文关怀相结合“两大理念”，围绕办案、预防、调研“三项职能”，通过专业化管理、专业化办理、专业化研究、专业化预防的“四化机制”，积极探索建立柔性执法“五大制度”，以检察工作的力度、温度、深度、广度，对老年特殊群体开展司法保护。

一、创新机制求发展，让执法办案更有“温度”

建章立制，坚持少捕慎诉，探索柔性执法手段，让老年人特殊司法保护制度落地生根。一是构建全流程保护制度。在研究制定《加强老年人特殊司法保护实施方案》及《老年人案件专业化办理规定》的基础上，与公安等相关单位签订涉老案件办理配套衔接工作协议，让办案流程更加规范化、体系化。二是落实少捕慎诉理念。在严格贯彻宽严相济刑事政策的基础上，坚持少捕慎诉，针对无前科劣迹、社会危害性小、再犯可能性小的老年人轻微刑事案件适用非羁押强制措施，并且已针对多起案件启动不起诉公开听证，收效良好。如在一名 70 岁老党员因出行受阻而划伤邻居轿车的案件中，充分听取当事人意见，积极化解双方矛盾，依法启动公开听证程序，作出不起诉决定，得到人大代表、人民监督员和当事人的充分肯定。三是探索柔性执法“五大制度”。成年子女或家属陪同见证制度——在因病导致行动不便、文化程度低且不识字等涉案老年人的讯问、询问过程中以及不起诉案件公开听证中推广适用。近年来，我院在多起不起诉公开听证中引入成年子女到场见证制度，在保障老年人诉讼权益的同时，提升了听证质效。强制辩护制度——针对需要帮助却无力聘请律师的老年犯罪嫌疑人积极落实强制辩护制度及全程化的律师法律帮助。快速移送审查起诉督促制度——针对事实清楚的案件，在批准逮捕时建议公安机关快速移送审查起诉，尽量缩短老年犯罪嫌疑人审前羁押时间。羁押审查全程跟踪制度——随时关注在押老年犯罪嫌疑人的身体状况、退赔退赃等情况，及时开展羁押必要性审查。“疗愈式”心理干预疏导制度——对经测评评估因心理问题实施犯罪的老年犯罪嫌疑人，引入第三方机构开展个案心理疏导与干预，帮助其重新回归社会，并逐步扩展至老年被害人。

二、司法关怀促保障，让维权工作更有“力度”

持续关注老年被害人权益保护问题，办理多领域涉老维权系列案件，相关案（事）例被《上海法治报》《解放日报》等媒体报道，相关经验做法被时任区委书记批示，被市委政法委转发。一是强化侵权打击与追赃挽损。坚持对保健品诈骗、婚恋诈骗、集资诈骗等严重侵害老年被害人权益的案件重拳出击，并积极开展追赃挽损。比如办理了打着婚介旗号，招募虚假身份女性“婚托”，专门以老年男性为目标的婚介诈骗案，为被害人挽回了全部经济损失；办理了虚构扶贫项目骗取多名老年人钱款的民族资产解冻类诈骗案件，追回涉案款90余万元；办理了虚构保险售后服务的合同诈骗案，起诉涉案人员30余名，对相关犯罪团伙给予严厉打击。二是推进法律援助与司法救助。对因犯罪遭受人身伤害且经济困难的老年被害人，积极帮助其聘请法援律师，优先开展司法救助，彰显司法温度与人文关怀。三是重视联合接访与释法说理。针对部分老年投资人重复来访现象严重的投资理财诈骗等案件，充分运用检察长接待、多部门联合接待等形式妥善处置，化解矛盾纠纷，维护社会稳定。在涉及政策性较强的动拆迁案件等领域，则引入信访部门联合接访，耐心释法说理，做好来访老年人的情绪疏导。

三、检校合作建智库，让理论调研更有“深度”

借助外脑力量，致力于提升涉老法律问题理论研究水平，为政府决策提供检察方案，助推老龄事业全面发展。一是检校合作，开展犯罪预防与权益保障分类研究。分别与华东师范大学心理认知与科学学院、华东政法大学中美老龄问题研究中心开展检校合作，建立老年人司法保护研究基地，开展老年犯罪嫌疑人与被害人、犯罪预防与权益保障分类研究。如借助华东师范大学心理学专业智力支持，探索建立涉老案件疗愈式心理干预工作流程；参与国家社科基金项目《老年被害人司法保护现状与对策研究》，持续推动涉老保护司法研究，形成理论研究与司法实践相互促进的良性互动。二是深入研讨，开展涉老前沿法律问题研究。邀请知名专家学者、公安、司法局、卫健委等部门召开深化老年人特殊司法保护、老年被害人权益保障研讨会；联合市院研究室开展75号咖啡法律沙龙活动，就“老年被害人权益的司法保障”

等涉老热点问题进行研讨；承办全市检察机关老年人特殊司法保护工作座谈会等。三是建立智库，开展涉老案件办理精英化人才培养。成立老年人司法保护专家咨询委员会，聘请心理学、犯罪学、刑法学领域的专家教授作为“智囊团”，为司法实践提供智力支持，采用专家授课、专题讲座、“一对一”带教等多种形式，提升老年人司法保护研究小组青年干警的理论研究水平与调研能力，培养涉老精英化人才。

四、社会治理显成效，让宣传预防更有“广度”

重视检察延伸工作，积极参与到推动和谐社会建设与社会治理体系、治理能力现代化建设中去。一是加强工作联动，提升工作质效。与区卫健委建立信息通报与定期沟通机制，实现区域老龄信息共享，老年维权工作资源整合，构建协同联动的老龄工作机制。二是发布典型案例，提升检察公信力。针对社会关注、有一定影响或警醒教育意义的老年人犯罪与侵害老年人权益的典型案例，定期召开检察官新闻发布会，撰写发布涉老刑事检察白皮书，及时向社会公众予以通报，提出针对性预防措施，起到“办理一案，教育一片”的宣传警示作用，向老年群众提供高质量的司法供给。三是扩大法制宣传，拉近检民距离。在嘉兴街道市民驿站建立“兵站式”检察官工作站，选派检察官“坐诊”，深入社区开展法制宣传与涉老法律咨询服务；与区老龄与家庭发展指导中心联合开展老年人防诈骗系列宣传活动，通过线上、线下相结合的方式组织社区老年人观看防诈骗视频讲座，累计 2492 人次参与；印制老年人防骗宣传手册，并通过“两微一端”全方位、多角度宣传检察机关保护老年人权益的做法与成效，提升涉老品牌宣传力。

◆ 工作设想

虹口区检察院将立足检察职能，准确把握涉老刑事案件司法特点和规律，形成具有示范性、引领性的“虹口方案”，切实提升老年群体的安全感、获得感与幸福感。

一、聚焦涉老办案制度的探索

在已有涉老办案制度的基础上，不断深化推进，积累素材，形成可复制、可推广的经验做法。勇于大胆创新，探索更多适合老年人身心特点的办案机制与执法手段，以程序上的“柔”，切实保障老年人诉讼权益的“刚”性落实。

二、聚焦典型与精品案例的培塑

重视典型案例、精品案例的示范引导效应。努力发掘具有全市、全国影响力的涉老精品案例，力争多出高检院指导性案例，多出具有良好社会效果的典型案例。扩大对精品案例、典型案例的推广，提升虹口涉老刑事检察工作影响力。

三、聚焦法制宣传的力度与效应

积极落实“谁执法，谁普法”的责任，持续加大针对老年群体的法制宣传力度，扩大宣传效应。充分利用电视、报刊、“两微一端”等载体，采用新闻发布会、检察白皮书、普法小品、检察官微课堂、流动巡展宣传画板等方式，以老年群众通俗易懂、喜闻乐见的形式，及时进行普法教育，提升老年人法律意识和自我防范意识。

◆ 工作札记

莫道桑榆晚，为霞尚满天。面对日益凸显的老年人保护问题，检察机关在老年人特殊群体司法保护这张“任务单”上亟须添上浓墨重彩的一笔。

通过先行先试和探索实践，虹口区检察院在办理涉老案件中积累了一些经验并取得了一定成效，但在案件办理过程中，仍旧碰到了许多困难与不易。

一是相较于未成年人司法保护，社会公众对老年人特殊司法保护的关注度与理解度明显不足，社会认知存在分歧。针对老年人犯罪，社会舆论中也多流传着“老人变坏”或者“坏人变老”的讲法。因此，老年人犯罪案件的办理应当注重社会效果，充分运用宽严相济的刑事政策，准确把握老年人犯罪的惩治力度与尺度，通过司法实践活动引导社会形成应有的舆论导向，获得社会公众的重视与认可。

二是老年人的身心特点，往往使得办案难度有所增加。老年犯罪嫌疑人由于上了年纪，多数患有高血压、糖尿病等各种疾病，因此在案件审查过程中需随时关注老年犯罪嫌疑人的身体状况。提审讯问难度增加，尤其对于行动不便、患有重疾的老年犯罪嫌疑人在提审的次数、时间长短、家属陪同、疾病突发等方面都要有所考虑并做好预案。另外，与容易接受新事物、新观念的年轻人不同，一些老年人思想固化、性格执拗，对其释法说理的难度往往也会加大。

三是老年人的犯罪心理问题亟待引起重视。随着老年人身体机能的退化，其心态也会发生改变，易怒、偏执、猜疑、焦虑是许多老年人身上共通的性格与情绪特征，有的甚至达到精神疾病的程度。以往老年人犯罪案件办理更偏重实体定性，但对犯罪心理层面的关注与研究却远远不足。然而老年人因心理问题而实施犯罪的案件却屡见不鲜。心理问题没有改善，行为问题则无法根治，基于“治病先治心”的理念，“对症下药”，才能真正实现对犯罪行为的矫治，预防再犯。

四是老年人在盗窃案件中的再犯率仍旧较高。老年人屡次再犯除自身因素起决定作用外，在一定程度上也反映出社会保障体系的不完善。“吃牢饭”—出狱且无生存技能—低保生活，没有工作收入—再次盗窃—“吃牢饭”，这样的恶性循环周而复始，使得再犯率始终无法有效降低。老年人犯罪预防是一项复杂的命题，仅仅依靠检察机关一家“单打独斗”，绝不可能取得成效，必须整合资源，依靠强大的社会防控与保障体系予以支撑。而如何真正有效地整合资源，建立起多部门信息共享、联动协作的配合机制，从而让社会治理的效能发挥到最大，是全社会共同面临的课题。

以上提到的几点困难与不易，只是我们在老年人案件办理过程中遇到的部分问题。我们深知，探索创新之路并非坦途。面对数量庞大的老年人群体，对照上海老龄化程度全国最高的特大型城市需求，老年人特殊司法保护工作任重而道远，许多工作仍需进一步完善与提升。

今后，虹口区检察院将以问题为导向，不断摸索前行，努力打造涉老刑事检察特色品牌，绘就一幅以法服人、以情动人、以德感人的老年人特殊司法保护锦绣蓝图，让“检察蓝”护佑“夕阳红”。

事例撰写人：段辉

架造未成年人保护"立交桥"

——推动升级全市首个未成年人司法保护中心

◆ 关键词

未成年人、司法保护中心、升级

◆ 工作情况

2019年11月，上海市虹口区人民检察院（以下简称虹口区检察院）吹响未成年人保护集结号，上海市虹口区政法委牵头，凝聚全区26家具有未成年人保护职能的单位与组织力量成立了全市首家区未成年人司法保护中心（以下简称保护中心），为区未成年人司法保护工作打下坚实的"桥墩"。

2020年是保护中心成立后的第一年，这一年中，虹口区检察院第一检察部未检办案组（以下简称未检办案组）坚守为未成年人提供全面、综合司法保护的初心，在"桥墩"之上铺设桥梁，架造起一座四通八达的未成年人司法保护立交桥。通过畅通保护渠道、凝聚专业力量，为未成年人司法保护工作的开展提速增效。

仅2020年一年，保护中心接受涉未成年人保护线索十余条，均落实转介保护工作；开展心理疏导和家庭教育指导近10人次；对7名未成年被害人进行了“一站式”取证保护。江苏、安徽省检察机关纷纷至保护中心参观调研，并复制推广保护中心的成功经验。保护中心的工作经验还被上海市委政法委转发，被新闻媒体进行专题专版报道。未检办案组建设保护中心的事例亦获评2020年度上海检察机关未检部门参与社会治理优秀案（事）例。

◆ 工作机制

一、打造线上线下“双车道”，助力孩子需求直通中心

在从事未成年人检察工作以及推动保护中心开展未成年人司法保护工作的过程中，未检办案组敏锐地发现，实践中未成年人权益保护常常面临“不知向谁求助”和“不知谁要求助”两大困境。畅通诉求渠道，让有未成年人保护需求的求助者都诉之有门，成为未成年人司法

保护工作中亟须解决的关键问题。为此，未检办案组在2020年着力畅通求助渠道，让孩子的需求能够直达保护中心。

（一）多管齐下，打造保护中心线下友好窗口

一是建立专人驻中心工作制，依托专门实体办公场所（吴淞路615号），接受各类当面咨询求助；二是开通保护中心热线电话（021-36353335）、电子邮箱（hongtangweiai@126.com），以扫清上门求助咨询等传统方式障碍；三是在各成员单位、区学校、街道社区建立联络员制，联络员一旦发现未成年人保护线索，将立即反馈至保护中心，未成年人亦可通过联络员联系保护中心；四是拍摄保护中心宣传短片，并依托微信公众号、视频媒体、市民驿站进行广泛宣传，扩大公众对保护中心的知晓度；五是依托法治副校长制度，以法治副校长为纽带，连接未成年人学生与保护中心。

（二）创新突破，研发保护中心线上平台程序

为切实将强制报告、从业限制等制度落到实处，未检办案组自主研发了“区未成年人司法保护线上平台”微信小程序，共包括司法社会服务、线索举报、普法宣

传以及答疑解惑四大板块。其中，司法社会服务板块中包含了法律援助、社会调查、合适成年人到场、观护帮教、法治活动预约等十项功能；线索举报板块包含强制报告、其他涉未成年人被侵害线索两项功能；普法宣传板块包含法治课堂、典型案例、热点信息三项功能；答疑解惑板块中，保护中心工作人员则将为未成年人提供咨询。

小程序涵盖了未成年人司法保护工作的多个方面，16 项功能供求助者“一键”提交未成年人保护需求，实现对未成年人合法权益的“一键”保护。一方面，小程序为求助者扫清了求助障碍，畅通求助渠道。求助者一旦通过手机端或电脑端提交申请，受理提示信息就会及时发送至中心工作人员手中，由中心工作人员将信息对接到具有相应职能的单位，以便工作的迅速启动与开展。另一方面，小程序为保护中心成员单位打开线上联动新界面，提升区未成年人保护工作联动效能。成员单位发现未成年人保护相关线索或有未成年人保护工作需求后，可直接将信息录入小程序，中心工作人员将通过小程序将信息及时转介到相关单位。小程序还配套了清晰的流程查看页面，无论是求助者还是保护中心成员单位，均可以通过登录小程序查询实时处理进度与反馈情况。

此外，小程序还有助于保护中心开展未成年人保护大数据分析工作。小程序接收到的信息与需求将被录入后台数据分析系统，工作人员对所收集的数据进行分析后，将形成简单、明了的可视化报告，为保护中心锁定未成年人保护工作焦点、重点，定点破题提供重要支撑。

二、组建团队联盟“双马达”，助跑专业力量多面集结

未检办案组通过打造上述线上、线下双车道，让保护中心能够第一时间获取未成年人保护需求及线索，迈出了未成年人司法保护工作“万事开头难”的第一步。对有效解决需求这一未成年人司法保护工作重中之重的关键一步，未检办案组亦有所思考，并打造专业化团队、建立专业化联盟，以打破资源壁垒、整合专业力量。

一方面，围绕保护中心职能，成立专业化团队。紧密依托保护中心，通过与区社工站、区法律援助中心、区妇联等多家单位沟通联络，先后在保护中心组建常驻保护中心工作人员团队、法律援助律师团队、心理咨询师团队等专业化团队。同时，通过定期组织同堂培训、情景模拟、实际测评等活动，从行为规范、心理学、社会学等角度对团队成员开展专业化培训，为保护中心的顺畅运行提供专业力量保障。

另一方面，针对难点、痛点问题，组建专业化联盟。针对近几年来虐待、遗弃儿童等监护侵害以及校园欺凌、性侵害等社会反响强烈的难点、痛点问题，聚焦家庭教育、学校法治教育与安全管理等重点，先后与区妇联、区教育局合作，组建亲职教育专业联盟、法治讲师专业联盟，聘请高校、未成年人保护组织等领域内的专家、资深从业人员为联盟成员，依托专业智囊团的专业优势守护未成年人健康成长。

◆ 工作设想

在未检办案组的积极推动下，保护中心在2020年取得了一定的成果，并积累了不少的经验。今后，未检办案组将从提升保护中心运行规范化、优质化着手不断推进保护中心工作的完善与发展。一是建立保护中心常规工作规定，与成员单位开展联席会议，就保护中心常规工作的运行建立成文制度，规范日常工作的开展。二是建立保护中心工作检查机制，定期召集成员单位就保护中心所开展的各项工作进行检查，及时找出问题并予以改正，总结成效并形成经验。三是建立保护中心工作评价询问机制，每项工作开展后，征询当事人意见与建议，并及时汇总与梳理，促进后续工作的开展。

◆ 工作札记

2019年，为了给孩子们提供更加全面、综合的司法保护，我们向区委政法委提出了成立保护中心的设想。感谢区委政法委的理解与支持，亦感谢其他成员单位的密切配合，我们的保护中心怀揣着所有成员单位对未成年人健康成长的关心与期待，顺利诞生。

在未检办案组成员的眼中，保护中心亦像是一棵小树苗，建设保护中心就好像是养育树木的过程，通过给它松土、施肥、浇水、除虫，让它快速长大成一棵参天大树，为其他千千万万的孩子提供保护。在建设保护中心的过程中，遇到困难与阻碍，成员们会想方设法去克服；发现问题或偏差，成员们会想方设法去解决与纠偏。而保护中心这棵树在成长的过程中，在不断的运行过程中，亦会结出大大小小的甜蜜果实，给成员们带来惊喜、欢愉与欣慰。

成员们知道，我们推动建设保护中心做的是一件件关于孩子的“小事”，但这些小事汇聚在一起，就成了保护祖国未来与明天的“大事”，毕竟“孩子无小事”。一方面，未成年人具有身心特殊性，他们尚未发育成熟、社会阅历较浅等特点，决定了他们很容易因为家庭、学校或社会中的哪怕非常微小的一个因素而影响成长。另一方面，未成年人具有地位特殊性，他们是国家的未来与民族的希望，他们的健康成长将关系到全社会的长远发展。

在长期从事的未成年人检察工作中，成员们发现一件小小的事情都可能给孩子带来巨大的伤害。就像近年来媒体常常爆出的因为作业引发的“惨案”，有的家长因为孩子未及时完成作业，将孩子打成重伤；有的家长在辅导作业时“怒发冲冠”火烧作业簿，给孩子造成巨大的心理阴影……即使一本小小的作业簿都可能给孩子带来巨大的伤害。因此，畅通诉求渠道、打破资源壁垒，让有未成年人保护需求的求助者都能诉之有门、求之有解，将小事提前化了，让事件对孩子的伤害降到最小，成为2020年未检办案组成员们推动保护中心建设完善过程中的，孜孜不倦、不断探索的动力与方向。

2020年，成员们在不同的角色中转化，时而是“知心大姐”“法律顾问”，轮流驻守保护中心，接待来访的未成年人及其他人员，耐心地倾听与解说；时而是“法治副校长”，走进学校给孩子们开展法治活动的时候，告诉孩子们吴淞路615号有我们的保护中心，那里有专业的工作人员为孩子们提供最全面、最到位的保护；时而是“联络官”，一次又一次地与团区委、区妇联、区教育局等单位沟通联系，共同为保护中心的发展、为给孩子们更好的保护而出谋划策；时而化身“专业演员”，出演保护中心宣传片，让更多的人知晓保护中心的存在；时而又是“软件工程师”，亲自操刀设计保护中心的线上平台小程序，让保护中心搭上“互联网+”的快车道，让孩子们的需求能够直达中心……但是，在各类角色的背后，都闪耀着同样的角色光环——“未检检察官”，这个角色代表着公平与正义，充满了关爱与温暖。

很高兴，在成员们的努力之下，越来越多的人知晓保护中心，在遇到关于孩子的问题时想到保护中心，让孩子们的需求能够直达保护中心；越来越多的专业人士在保护中心会聚，为孩子们带去他们的光与热，帮助孩子们解决问题。成员们推动保护中心通过开展“一站式”保护、心理疏导、法律援助、犯罪预防、司法救助、法治宣传等工作，成功地将许多其他与孩子相关的小事情化解，防止这些小事情变成大问题。

有一名每每辅导孩子功课就大发雷霆，甚而对孩子大打出手的父亲，在接受亲职教育联盟专家的指导与检察官的法治教育后，改变了自己不妥的教育方式，与孩子重建正常的亲子关系；有一个拥有大好前程，却因为终日担心少年时的违法犯罪记录未被封存而夜不能寐的青年，在询问保护中心工作人员，并得到权威、耐心的解答后如释重负；有一名遭遇性侵害的女孩在家人的陪伴下勇敢报警后，在保护中心接受了一站式的询问而避免遭受反复询问造成的二次伤害；有一名遭遇欺凌的同学在接受了心理疏导、法律援助、医疗救助等一站式的保护救助工作后，重展笑颜……

孩子的笑脸是最治愈的。每每看到孩子们的微笑，成员们都倍感欣慰，并愈加坚持：“孩子的事，即使再小，我们也要拼尽全力。”

问题是时代的声音，更是努力的方向。让每个求助者的需求都有回应，是未检办案组推动成立保护中心的初心与坚守，也是未检办案组践行检察机关作为未成年人保护体系传动轴、驱动器的重要作用以及结合自身实际迈出的坚实一步。这一步虽小，但不积跬步，无以至千里。未来，未检办案组将继续努力，助力保护中心不断提质增效，让每个求助者的期待都能实现，让每个孩子的成长都充满美好。

事例撰写人：未检办案组

创新监督机制，防控办案风险

——认罪认罚案件引入“三方确认，一方见证”机制实践探索

◆ 关键词

认罪认罚、风险防控、外部监督

◆ 工作情况

2020年，上海市虹口区人民检察院（以下简称虹口区检察院）共审结一审公诉案件1157件1880人，其中，适用认罪认罚制度1047件1641人，提出确定刑量刑建议989人，法院采纳确定刑量刑建议950人。认罪认罚适用率达到87.3%，确定刑量刑建议提出率达到70.3%，法院采纳率超过96%。认罪认罚案件占比大，确定刑量刑建议采纳率高，这些数据都直接反映出，在是否适用认罪认罚从宽、量刑建议的提出、强制措施的决定与变更、犯罪事实和罪名的认定、证据的采信、起诉与否等方面，检察官的主导地位日益凸显。

研究认罪认罚案件办理过程中的各类风险，有利于我们有针对性地构建监督制约机制，这也是保障检察权高效公正运转的关键。

为有效防控认罪认罚案件中可能出现的廉政风险和办案风险，虹口区检察院首创出台了“三方确认，一方见证”认罪认罚案件风险防控制度，由承办检察官、辩护人或值班律师、犯罪嫌疑人三方对《认罪认罚具结书》予以确认，引入“第三只眼”，邀请人民监督员、人大代表、政协委员、廉政监督员、特约检察员等为代表的见证人参与现场见证，通过听取检察官介绍案情、辩护人或值班律师发表意见，以及讯问犯罪嫌疑人，实现对基本案情、法律适用、认罪认罚意愿的全方位了解，认为犯罪嫌疑人自愿认罪认罚且量刑建议合理的，由见证人在《见证书》上签字，证明案件办理的真实性、合理性。

截至 2020 年年底，已组织见证会 77 场，邀请各类见证人 87 人次，参与见证各类认罪认罚案件 387 件 611 人。从涉嫌的罪名来看，人数较多的为盗窃罪和诈骗罪，两者共占总人数近 1/2，其他人数较多的罪名依次为：销售假冒注册商标的商品罪，开设赌场罪，伪造、变造、买卖国家机关公文、证件、印章，买卖身份证件罪，故意伤害罪，寻衅滋事罪，非法吸收公众存款罪，非法经营罪，危险驾驶罪等。在兼顾办案效率和司法成本的基础上，构建起办案风险闭环监督机制。

◆ 工作机制

高检院案管办就新时代提升案件管理体系和管理能力的现代化水平提出要“引入外部监督管理机制”，即案管部门通过利用承担人民监督员和案件信息公开工作等职能，进一步畅通人民群众等外部力量对检察机关司法办案活动的监督，以外部监督倒逼规范司法。虹口区检察院对照高检院要求，针对占比达八成以上的认罪认罚案件，立足案管部门人民监督员和司法办案场所管理等工作职能，探索完善引入外部监督机制。

一、见证工作方式

1. 未羁押犯罪嫌疑人的见证

虹口区检察院对于未羁押的犯罪嫌疑人适用当场见证程序：一是设置见证室，增强仪式感。由案管部门在司法办案场所设置专门的见证室，配置国徽、大屏幕显示屏、席卡等，增强见证仪式感。二是见证全程由检察官主持。首先由检察官向见证人详述案情，并介绍相关法律依据以及量刑建议依据，之后在检察官主导下，辩护人或值班律师可以依次发表意见，见证人可以向犯罪嫌疑人提问。三是见证人发表见证意见。见证人同意量刑建议的，犯罪嫌疑人在《认罪认罚具结书》上签字。四是见证异议处理。见证人不同意量刑建议的，具结书签订中止，由检察官和案管部门分别上报分管检察长或检察长。分管检察长或检察长经审查，采纳检察官意见的，由业务部门负责人向见证人解释说明。

2. 羁押犯罪嫌疑人的见证

虹口区检察院对于被羁押的犯罪嫌疑人适用两种程序。一是检察官释法说理程序。鉴于见证人不便进入看守所现场见证，可以由承办检察官将犯罪嫌疑人在看守所签订好的《认罪认罚具结书》提交给见证人，并向见证人进行释法说理，见证人同意量刑建议的，签字确认；不同意的，启动内部监督程序，由承办检察官和案管部门分别上报分管检察长或检察长。二是远程视频见证。检察官通过远程视频讯问结束时，同时邀请本院值班律师和见证人进入远程视频讯问室，通过远程视频见证犯罪嫌疑人《认罪认罚具结书》的签署。

二、见证工作主要特点

1. 开展实质监督，增强见证工作的监督刚性

见证试点工作不能是走过场、走形式的简单监督，而应是实实在在的真监督，是检察机关向社会展现检察自信的窗口。为此，虹口区检察院在制度设计上大幅增强监督的刚性，一是要求检察官详述案情和释法说理，二是见证人是否同意量刑建议直接决定具结书是否能够当场签订以及内部监督机制的启动与否，三是业务部门应当及时反馈处理结果。见证人有异议的案件，处理结果均应在 5 日内反馈见证人。试点实践中，见证人均表示感受到自己的意见真正受到了重视。

2. 注重互动交流，增强见证工作的社会效果

虹口区检察院特别注重与见证人和辩护人及值班律师的互动，要让见证人和值班律师直观地感受到检察机关是真心接受社会监督的。为此，虹口区检察院对见证工作提出多项具体要求：一是见证前案管部门要向见证人充分说明见证试点工作的意义所在，让以见证人和值

班律师为代表的社会更加深入地理解检察机关开展该项工作的初衷和意义。二是案管部门为见证人提供相关材料，包括认罪认罚相关法律规定、常见犯罪量刑指导意见等，让见证人知晓、了解认罪认罚相关法律规定，让“不够专业”的见证人也能很快“专业”起来。三是检察官要为见证人现场解惑释疑。见证人可以提问，检察官应当现场解答，辩护人和值班律师也可以发表意见，检察官应当予以回应。试点实践中，这种良性互动受到了见证人和值班律师的充分肯定，扩大了法制宣传效果，提升了检察机关客观公正的形象。

3. 实现监督一体，完善新型司法监管机制

虹口区检察院将加强监督管理、完善机制建设、提升队伍能力建设作为2020年的重点工作，围绕见证试点工作，构建新型司法监管机制，实现案管监管和办案部门队伍建设双赢目标。一是充分发挥案管部门的统筹职能。借力案管部门人民监督员职能和司法办案场所管理便利，明确由案管部门统筹推进见证工作，定期对发现的认罪认罚案件问题进行汇报总结，为院领导决策提供参谋。二是利用外脑完善监督制约机制。见证人多从具

备较高的政治素质、专业素养和具有广泛代表性的人员中选取，范围锁定在人大代表、政协委员、人民监督员、廉政监督员等，借力“外脑”强化对检察官权力的制约。三是倒逼队伍提升释法说理能力。由于认罪认罚案件一般在庭审中缺乏实质性的控辩，故八成案件庭审中检察官也少有机会释法说理，而见证工作成功与否的核心就在于检察官必须说服见证人，消除见证人的疑问，即使是最简单的案件，检察官也必须向见证人释法说理，倒逼检察官主动提升释法说理能力，强化队伍能力建设。

◆ 工作设想

“三方确认，一方见证”机制试行初始，依然存在许多问题与不足，为更有效防控认罪认罚案件中的廉政风险和办案风险，虹口区检察院将在实现简单案件见证全覆盖、扩大见证人候选范围、提高远程视频见证保障能力等方面，进一步加强和改善。

（一）简单案件实现见证监督全覆盖

虹口区检察院在试点实践中见证工作没有做到全覆盖，主要原因有：一是受疫情影响，见证工作曾暂停一段时间。二是部分案件办案期限短，承办检察官来不及安排见证。三是认罪认罚案件移送法院每周时间固定，为了保障定时移送，部分案件来不及安排见证。针对上述情况和现实，我们认为监督应当聚焦认罪认罚案件办理的薄弱环节，填补案件范围监督漏洞，立足简单案件范围，集中精力确保简单案件实现见证监督全覆盖。

（二）扩大见证人候选范围和行业覆盖面

受人民监督员总体数量和预约程序限制，部分案件特别是适用速裁程序的案件，时间上来不及安排。而人大代表、政协委员、廉政监督员、特约检察员等，多数系在机关或企业中担任重要职务，工作繁忙，实际可邀请的见证人范围较窄。后续，将扩大见证人候选范围和行业覆盖面，如可以利用检校合作平台，从高校聘请一部分法学专业的学者、教师、学生等作为见证人，同时也可以从基层经验丰富的人民调解员、司法所社工等人中筛选一部分综合素质较高的人员，建立一个人数充足的见证人备选库，从见证人数量和专业能力两方面提升认罪认罚案件外部监督工作成效。

（三）提高远程视频见证的保障能力

对于被羁押的犯罪嫌疑人，虽经检察官事后释法说理，但实践中也有部分见证人表示“因为没有见过犯罪嫌疑人，不了解其真实想法，签字不踏实”。后续，对羁押的犯罪嫌疑人将尽力适用远程视频见证，通过加大检察机关和看守所远程视频讯问软硬件建设，提升司法机关远程视频讯问保障能力，逐步扩大羁押犯罪嫌疑人现场见证适用范围。

◆ 工作札记

为了保障犯罪嫌疑人人权和最大限度地维护被害人权益，让案件当事人都感受到公平公正，虹口区检察院着力在落实好宽严相济刑事政策上下功夫，既要做到重拳出击、打击犯罪，维护社会大局稳定，也要精准行使司法裁量权，大胆不捕不诉，减少社会对抗。

通过引入外部监督机制，主动接受社会监督，邀请见证人直接参与到检察工作中，不断提高司法透明度，既防范办案廉政风险，又取得了较好的社会影响，充分展现“检察自信”的同时，还提升了检察机关客观公正的形象。

检察官通过就案说法，让枯燥的法条变得更生动鲜活；面对面交流的方式，更容易与见证人产生良性互动，经见证人广泛传播，进一步扩大普法范围，达到了“办理一案，教育一片”的法制宣传效果。实现司法办案政治效果、社会效果和法律效果的有机统一。

作为现行认罪认罚案件监督管理办法的有力补充，“三方确认，一方见证”制度在兼顾办案效率和司法成本的基础上，构建了办案风险监督闭环，为推进认罪认罚从宽制度更高质量、更好效果适用，提供了“虹检”方案。

事例撰写人：梅健

司法救助彰显检察温情

——通过提供多元化司法救助产品服务民生

◆ 关键词

司法救助、信访终结、多元化救助、内部协作

◆ 工作情况

2020年，上海市虹口区人民检察院（以下简称虹口区检察院）第六检察部检察官办案组共办理司法救助案件17件，同比上升21.4%；发放救助金21.5万元。检察机关积极开展司法救助工作，探索多元救助方法，加大对因案致贫、因案返贫、因案增贫等困难当事人的救助力度，充分体现了司法为民的精神内核，彰显了检察机关的人文关怀，为推动社会综合治理、助力脱贫攻坚贡献检察智慧和检察力量。

◆ 工作机制

虹口区检察院第六检察部始终坚持法、理、情相统一的办案理念，通过一系列“司法救助+”的举措，主动关怀，积极作为，将司法救助工作做深做细，不断传递检察温度。

一、司法救助+内部联动

为了改变以往部门“单打独斗”的局面，虹口区检察院第六检察部与业务部门就司法救助线索内部移送达成共识，得到了大力支持，拓宽案件线索渠道，形成救助合力。加强发现线索的主动性，逐案分析、逐一评估、实时跟进，确保及时发现线索，及时掌握刑事和解等实际情况。在办案过程中，积极开展调查核实，全面掌握案件事实，主动与当事人取得联系，主动听取原案承办检察官意见，确保案件办理成效。在本院办理涉疫情刑事案件过程中发现救助线索，快速启动司法救助程序，对身处社区防疫一线、因正常履职遭受犯罪侵害的刑事被害人，通过实地调查走访，发现其因伤无法正常工作，没有经济收入，造成生活困难，依法给予救助，弘扬了社会正气，传递了司法温度。

二、司法救助+重点帮扶

关注“一老一少”特殊司法群体等重点案件，对遭受性侵害的未成年被害人、遭受故意伤害的老年被害人持续做好特殊保护，协同办案部门开展心理安抚、心理疏导、司法救助等工作，给予符合其身心特点和发展需要的特殊、优先和全面保护，最大限度地维护未成年人、老年人合法权益，实现救助工作精细化、救助对象标准化和救助效果最优化。2020年，虹口区检察院共救助未成年被害人3人，救助老年被害人4人，累计发放救助金8万元。特别是在特殊时期，2020年3月对一名家境贫困、属于低收入保障家庭的未成年被害人开展远程司法救助，做到防疫、办案两不误，降低疫情对经济条件不佳家庭造成的影响。

三、司法救助+化解矛盾

虹口区检察院第六检察部在开展司法救助过程中化解多起矛盾纠纷。先是会同业务部门办结一起行政争议实质性化解司法救助案件，对一名不服房屋征收补偿合同纠纷法院裁判结果的当事人开展司法救助，当事人接受救助后主动表示息诉罢访，促成案结事了人和。后有一名当事人被他人故意伤害致轻伤二级，其认为公安机关立案不侦向本院申请侦查活动监督，虹口区检察院第六检察部会同侦查活动监督部门检察官多次接访当事人，在业务部门督促公安机关抓紧侦办案件的同时，综合考虑申请人因疗伤、患病导致经济困难，且因犯罪嫌疑人未到案无法获得赔偿，秉持应救尽救、救急救早的理念，给付救助金 2 万元。在开展救助的同时，两位申请人均主动签署了《息诉息访承诺书》，信访矛盾得到妥善化解。

四、司法救助 + 公开听证

为深化检务公开，促进司法公正，2020 年虹口区检察院第六检察部共对 4 件司法救助案件开展公开听证。公开听证让司法温度“看得见”“听得到”。将公开听证机制引入到司法救助案件中，有利于提升检察官规范司法、公正办案的能力和水平，更重要的是帮助群众解决实际困难，加强法制宣传教育，促进矛盾化解，从而实现“案结、事了、人和”，拓宽人民群众参与渠道，让司法公正“可感知”。在上述 4 件司法救助案件的办理中，虹口区检察院均邀请了人大代表、政协委员等作为听证员参加评议，主动接受社会监督，增强办理司法救助案件的透明度和公信力，听证员均对司法救助和公开听证工作高度评价，充分予以肯定。

五、司法救助＋领导办案

虹口区检察院分管副检察长带头办理典型司法救助案件，指导强化案件办理的实质性审查，规范办案流程，并联合未检部门委托心理咨询人员，帮助未成年被害人修复心理创伤。虹口区检察院充分发挥分管副检察长在主持公开听证、促进信访矛盾化解和传递司法温度中的示范、引领作用，普政策、解心结、释法理、明情理，传递司法温度，提升司法公信。

六、司法救助＋跟踪回访

从司法救助的需要和实际出发，虹口区检察院对已发放救助金的被救助对象不定期进行回访，跟踪了解他们的生活现状以及司法救助金的使用情况，确保救助金切实发挥救助效果，并有针对性地对他们提供帮助，巩固救助效果。救助申请人在检察机关办案中真切地感受到司法的温度，提升了检察机关的司法公信力，通过开展司法救助实现了政治效果、法律效果和社会效果的有机统一。

◆ 工作设想

2020 年，虹口区检察院大力开展司法救助工作，通过积极作为、认真履职让人民群众感受到检察机关的关怀。虹口区检察院将继续用好国家司法救助制度，对因犯罪侵害等致生活陷入困境的被害人及其近亲属“应救尽救”，防止因案致贫返贫，为困难群众解决生活问题，将司法为民落到实处。

一是继续加大司法救助力度，完善工作机制，实现协同高效。对司法救助线索进行全面梳理核实，分类施策，精准发力，加强与业务部门的沟通协作，及时掌握案情。创新救助模式，拓宽救助渠道，加大对符合条件的困难当事人的救助力度，提升司法救助办案数量和质量，切实为案件中的困难群众解决实际困难。

二是提升理论研究水平，加强对司法救助典型案例的学习、总结、研究。扎实理论基础，充分把握司法救助的内涵本质、功能定位与发展模式，创新和完善工作方式方法，撰写案例和论文，形成理论研究成果。

三是有针对性地对接民政、教育、妇联、残联等部门，主动融入社会保障体系，形成工作合力，达到“一次救助、多元帮扶、长期关怀”的效果。将司法救助与法律援助、民政救济、残疾人补助等其他社会救助相结合，以满足人民群众更多的现实需要，进一步提升国家司法救助的精准度，提升检察机关司法救助工作质效。

四是加强宣传引导，拓宽救助申请渠道。加大对司法救助工作的宣传力度，让更多困难群众了解司法救助工作，打消因案致贫、因案返贫、因案增贫等困难当事人的疑虑；同时为救助申请人提出申请提供方便，更加快速地帮助困难当事人排忧解难。

◆ 工作札记

司法救助工作是事关群众民生的民心工程，需每日添砖加瓦，方能建成高楼大厦。检察机关只有以民心为本，体现出检察机关心系困难群众的真心实意，才能传递检察机关司法温度，保障社会公平正义。总结 2020 年虹口区检察院司法救助工作的亮点，有以下几个方面应当坚持并继续努力。

一、跨省、跨部门开展多维立体救助

检察机关跨省、跨部门救助生活困难的未成年受害

人，发挥了法律监督职能，既立足当下，又着眼长远。通过异地检察机关联动、本单位部门之间的协作，加强沟通，协调解决因特殊原因无法现场申请救助问题，体现了政治高度和法治温度，使案件救助工作从一地检察机关一个部门“单打独斗”延伸为跨省多部门共享救助信息、共担救助职责、实施多元综合救助的“一盘棋”工作格局，在践行司法责任、落实未成年人保护方面有很好的借鉴价值。虹口区检察院在救助过程中始终高度关注保护未成年人的身心健康，同时，联合多部门，对受案件影响而身心遭受伤害的被害人及其家庭成员，开展心理救助、经济救助等多元化救助，引导他们积极面对困难，走出内心阴霾，恢复身心健康。考虑到申请人受到心理创伤，对申请人开展心理疏导，实现了司法救助和社会救助的无缝衔接，形成了多维立体的救助工作模式，既体现检察机关为民服务的责任和担当，又提升了群众在检察司法办案中的获得感、幸福感、安全感。在案件办理过程中，多种形式的司法救助不仅解了被害人家庭燃眉之急，更着眼于长远发展，为实现精准扶贫、决战决胜脱贫攻坚战和未成年人健康成长助力添彩。

二、惩恶与扬善同步守护抗疫决心

虹口区检察院在办理涉疫类案件过程中，注重惩恶与扬善同步推进，用司法力量守护抗疫决心，对身处社区防疫一线、因正常履职遭受犯罪侵害的刑事被害人，依法给予救助，弘扬了社会正气，传递了司法温度。通过邀请第三方人士见证公开答复，借助“外脑”拓展综合救助的途径，帮助被害人纾解情绪、修复创伤，化解了信访矛盾，扩展了国家司法救助的辐射面，提升了救助工作效果。虹口区检察院“急当事人所急”，对申请人的救助申请优先办理，加快审查办理节奏，解决了刑事被害人因伤误工期间的生活困难。同时，充分考虑救助申请人被他人故意伤害后康复期的心理变化，把扶贫与“扶志”结合起来，对申请人进行心理疏导，引导申请人走出阴影，提振生活信心，从根本上改变了申请人的生活困境，赢得了当事人赞誉。

三、主动跨前一步助力息诉罢访

虹口区检察院全面贯彻落实“全面开展司法救助工作，批捕阶段、公诉阶段、申诉阶段都可以办理司法救助”的指示要求，主动跨前一步，把司法救助工作贯彻到每一个检察办案环节上。一是强化主动救助和服务意识。办案部门在办案中主动发现需救助对象，打破“就案办案”的传统模式，确保及时将符合国家司法救助条件的贫困人员纳入救助范围，实现“应救尽救”。二是加强协作配合，形成工作合力。控告申诉检察部门加强与刑检部门的协作沟通，着力强化司法救助案件的线索发现、研判、移送和办理机制，提高对因案致贫当事人的关注和权益保障。三是综合救助，以救助促进矛盾化解，邀请多方代表共同研商，同时对申请人进行资金救助和心理救助，有效解决被救助人在医疗费用支付等方面的心理负担。刑事犯罪严重侵害被害人的人身财产安全，侵蚀社会安定，虹口区检察院敏锐捕捉信访所涉及民生的问题，通过创新办案方式主动发挥控告申诉、司法救助、立案监督等检察职能，真心实意为人民群众排忧解难，切实提升人民群众的获得感、幸福感、安全感。

司法救助工作一头连着百姓疾苦，另一头系着司法关爱。检察机关应积极开展司法救助工作，探索多元救助方法，将司法救助贯彻司法办案全过程各环节，主动发现、排摸救助线索，加大对因案致贫、因案返贫、因案增贫等困难当事人的救助力度。司法救助工作使人民群众在冰冷的法律条文中感受到温暖，彰显了检察机关的人文关怀，为推动社会综合治理、助力脱贫攻坚贡献检察智慧和检察力量。

事例撰写人：张艺馨

图书在版编目（CIP）数据

检察官新时代新担当新作为优秀案（事）例选编．第二辑／曾国东主编．—北京：中国法制出版社，2021.12

ISBN 978－7－5216－2302－4

Ⅰ．①检…　Ⅱ．①曾…　Ⅲ．①检察机关－工作－案例－虹口区　Ⅳ．①D926.32

中国版本图书馆 CIP 数据核字（2021）第 238971 号

策划编辑：陈兴
责任编辑：吕静云　　　　封面设计：杨鑫宇

检察官新时代新担当新作为优秀案（事）例选编．第二辑
JIANCHAGUAN XIN SHIDAI XIN DANDANG XIN ZUOWEI YOUXIU AN（SHI）LI XUANBIAN. DI－ER JI

主编/曾国东
经销/新华书店
印刷/北京虎彩文化传播有限公司
开本/880 毫米×1230 毫米　32 开　　　　印张/7.25　字数/89 千
版次/2021 年 12 月第 1 版　　　　2021 年 12 月第 1 次印刷

中国法制出版社出版
书号 ISBN 978－7－5216－2302－4　　　　定价：65.00 元

北京市西城区西便门西里甲 16 号西便门办公区
邮政编码：100053　　　　传真：010－63141852
网址：http：//www.zgfzs.com　　　　**编辑部电话：010－63141781**
市场营销部电话：010－63141612　　　　**印务部电话：010－63141606**

（如有印装质量问题，请与本社印务部联系。）